AF537922

Mein Thüringer Rezeptschatz

Neue Back- und Kochideen

Gudrun Dietze

Mein Thüringer Rezeptschatz

Neue Back- und Kochideen

BuchVerlag
für die Frau

Foto S. 2:
Pflaumenmusschnitten
(Rezept, S. 55)

Wenn nicht anders angegeben, beziehen sich die Kuchenrezepte auf ein halbes Backblech, die Tortenrezepte auf eine Springform von 26 cm Ø.
Alle Rezepte für ½ Backblech kann man auch in einer Springform mit 26 cm Ø backen.

ISBN 978-3-89798-480-6
2. Auflage 2016

Backen und Kochen der abgebildeten
Kuchen und Gerichte: Gudrun Dietze
Fotos: Werbestudio Hämsch
Foto-Styling, Gesamtgestaltung, Satz:
Lore Jacobi
Druck und Bindung:
DZA Druckerei zu Altenburg GmbH
Printed in Germany

www.buchverlag-fuer-die-frau.de

Inhalt

Ein wahrer Schatz

Sie hat die Thüringer Back- und Küchentradition lebendig erhalten und zu neuer Perfektion geführt: Gudrun Dietze. Fast eintausend Rezepte und mehr als ein Dutzend erstklassiger Koch- und Backbücher sind entstanden – ein Werk, auf das die Thüringer Erfolgsautorin mit Recht stolz sein kann! Immer wieder gelingt es ihr, neue und originelle Rezepte zu kreieren – ganz mit dem regionalen Geschmack, den die Thüringer so lieben. Und nicht nur sie. Gudrun Dietzes Rezeptbücher sind mittlerweile bundesweit beliebt und tragen die kulinarischen Traditionen aus dem grünen Herzen Deutschlands bis nach Hamburg, München, Saarbrücken und Regensburg. Wie funktioniert diese unerschöpflich scheinende „Rezeptwerkstatt", woher kommen die leckeren Koch- und Backideen?

Gudrun Dietze sammelt schon seit Jahrzehnten Rezepte. Bereits als Kind verpasste sie keine Gelegenheit, ihrer Mutter beim Backen zuzuschauen, und probierte früh selbst zu backen. Später hat sie, wenn ihr bei Gastgebern etwas gut schmeckte, stets um das Rezept gebeten (das meist mehr oder weniger ungenau formuliert war). Ebenfalls trug sie zusammen, was in der Familie und von Freunden gern gebacken und gekocht wurde; manches traditionelle Rezept spürte sie auch mit viel Mühe und Findigkeit auf. So entstand über viele Jahre ein authentischer Rezeptschatz, durch mehrfaches Nachbacken und -kochen vervollkommnet und trotz aller Traditionalität auch offen für moderne Einflüsse.

Darüber hinaus erinnert sie auch an vielleicht längst vergessene, aber immer noch gern gegessene Speisen wie Jägerschnitzel, Würzfleisch oder Mohrchen im Hemd, die – nach Zubereitung à la Gudrun Dietze – zu kulinarischen „Schätzchen" werden.

Jede einzelne Rezeptur wird vor der Veröffentlichung probiert, verändert und verfeinert, bis es so schmeckt, wie es soll.

Es ist ein mühevoller Arbeitsprozess, zeit- und materialaufwändig, aber gleichzeitig ein unentbehrlicher Garant für die Qualität und das unbedingte Gelingen der Dietze-Rezepte. Die Leser wissen diesen Aufwand zu schätzen. „Wir backen/kochen fast nur noch nach Dietze", heißt es oft in den liebevollen Leserbriefen, die Autorin und Verlag seit nunmehr über 20 Jahren erreichen.

So wünschen wir auch diesem neuen Buch wieder den Weg in die Küchen und Herzen der Fans von Gudrun Dietze und bedanken uns bei der Autorin für ihre kulinarische Kreativität sowie für den Fleiß und die Liebe, die sie ihren Rezepten angedeihen lässt.

Guten Appetit wünscht
Ihr BuchVerlag für die Frau

Backpulver- und Hefeteigkuchen

Ananaskuchen

(für 1 Backblech 23 x 23 cm)

Teig:
100 g Margarine
100 g Staubzucker
2 Eier • 75 g Mehl
50 g Speisestärke
1 TL Backpulver
evtl. abgeriebene Zitronenschale

Belag:
300 ml Milch
1 Pck. Vanillezucker • 1 EL Zucker
1 Pck. Vanillepuddingpulver
50 g Butter
75 g feste Würfelmargarine
2 EL ungemahlener Mohn
3-4 EL dicke rote Marmelade
ca. 200 g Ananaswürfel
200 ml Ananas-Abtropfsaft
1 EL Zitronensaft • 1 Pck. Gelatine

Weiche Margarine mit Staubzucker dickcremig schlagen. Eier nach und nach unterschlagen. Mehl, Speisestärke, Backpulver und Zitronenschale unterrühren. Auf ein gefettetes Kuchenblech (23 x 23 cm) aufstreichen und backen.
Aus Milch, Zucker, Vanillezucker und Puddingpulver einen Pudding kochen. Butter und Margarine cremig schlagen und den handwarmen Pudding unterschlagen. Den Mohn unterrühren.
Die erkaltete Teigplatte umdrehen und die Marmelade nicht zu dünn auf den glatten Boden streichen. Puddingcreme darüber verteilen. In 100 ml erwärmtem Ananassaft und Zitronensaft die nach Packungsanleitung vorbereitete Gelatine auflösen und mit dem restlichen Saft gründlich verrühren. Die Ananaswürfel ganz klein schneiden und mit dem Saft vermischen. Bei Gelierbeginn alles auf die bereits fest gewordene Creme streichen.

Backzeit: 15-20 Minuten
Backhitze: 180 °C

Ein aromatisch zarter Fruchtkuchen.

Frischkäsekuchen mit Pflaumenguss

(für ½ Backblech)

Teig:
75 g Zucker
75 g Margarine
1 Ei
150-175 g Mehl
½ TL Backpulver

Belag:
200 g Frischkäse
2 Eier • 1 Pck. Vanillezucker
100 ml Sahne • 250 ml Milch
1 Pck. Vanillesoßenpulver
75 g Zucker
etwas abgeriebene Zitronenschale und -saft

Pflaumenguss:
1 Glas eingeweckte oder ca. 750 g frische Pflaumen
3 Pck. roter Tortenguss
Zucker
75 ml roter Saft oder Wasser

Zucker mit Margarine und Ei verrühren, Mehl mit Backpulver gemischt unterrühren bzw. unterkneten. Auf die Hälfte eines Kuchenblechs oder die Größe einer 26 cm Ø Springform ausrollen. Einen kleinen Rand andrücken.
Frischkäse mit Eiern und Vanillezucker verrühren, Sahne unterrühren. Aus Milch und Soßenpulver einen Pudding kochen und mit der Frischkäsemasse vermischen. Mit Zucker und etwas Zitrone abschmecken. Auf den Backpulverteig aufstreichen und backen.
Die Pflaumen klein schneiden und pürieren. Tortenguss mit etwas Zucker vermischen und mit dem Saft verquirlen. Alles in die heiße Pflaumenmasse rühren und unter Rühren alles dickkochen. Pflaumenguss auf den inzwischen erkalteten Kuchen streichen.

Backzeit: 20-25 Minuten
Backhitze: 180 °C

von links: Zitronen-Orangen-Kuchen (S. 12), Frischkäsekuchen mit Pflaumenguss

Zitronen-Orangen-Kuchen

(für 1 Backblech 23 x 23 cm)

Teig:
75 g Zucker
100 g Butter • 1 Ei
1 TL Zitronenschale
200 g Mehl • ¼ TL Backpulver

Belag:
1 Eigelb • 3 Eier
2 geh. EL Zucker
1 TL abgeriebene Zitronenschale
200 g Schmand
100 ml Orangensaft
100 ml gepresster Zitronensaft
1 Pck. Vanillesoßenpulver

Glasur:
250 ml Orangensaft • 1-2 EL Zucker
½ Pck. Zitronengötterspeise

Zucker und weiche Butter verrühren. Ei, Zitronenschale und Mehl mit Backpulver zugeben und alles verkneten. 30 Minuten kühl stellen. Auf ein gefettetes Blech (23 x 23 cm) ausrollen und mit der Gabel mehrmals einstechen. Vorbacken.
Eigelb, Eier, Zucker und Zitronenschale gut verrühren, nicht schlagen. Schmand, Orangensaft, Zitronensaft mit Soßenpulver vermischen und alles unter die Eiermasse rühren. Auf den vorgebackenen Kuchen gießen. Backen.
Aus Orangensaft, Zucker und Götterspeisepulver eine Götterspeise herstellen und leicht gelierend löffelweise über den erkalteten Kuchen verteilen.

1. Backzeit: 15 Minuten
Backhitze: 180 °C
2. Backzeit: 20-25 Minuten
Backhitze: 180 °C

Erst am zweiten Tag anschneiden, wenn eine gewisse Festigkeit erreicht ist. Ein erfrischend zarter Belag auf einem feinen Knusperteig.

Marzipan-Schmand-Kuchen

(für ½ Backblech)

Teig:

150 g Mehl • 50 g Margarine
1 Ei • 50 g Zucker • ½ TL Backpulver
evtl. 1 TL Wasser

Belag:

50 g Margarine • 150 ml Milch
1 EL Grieß • 1 EL Zucker
200 g Rohmarzipan
½ Fläschchen Bittermandelöl
400 g Schmand
2 Eier • 1 Pck. Vanillezucker
1 Pck. Vanillesoßenpulver
2 EL Zucker • 2 EL Zitronensaft

Garnitur:

1 Pck. Schoko- oder Zitronenguss

Aus den Zutaten einen Mürbeteig kneten und auf einem halben Kuchenblech ausrollen. Für den Belag Margarine, Milch, Grieß und Zucker mit zerkrümeltem Marzipan und Bittermandelöl kräftig zu einer glatten Masse schlagen und auf den Mürbeteig streichen.
Schmand, Zucker, Vanillezucker, Zitronensaft, Eier und Soßenpulver gut verrühren. Dann löffelweise auf die Marzipanschicht verteilen und glatt streichen. Backen.
Einen Schoko- oder Zitronenguss nach Packungsanleitung zubereiten und über den erkalteten Kuchen geben.

Backzeit: 50-60 Minuten
Backhitze: 180 °C

Ein sehr guter trockener Kuchen.

Mein besonderer Tipp:

Echter Thüringer Schokoladenguss

1 Ei • 1 Pck. Vanillezucker • 3-4 geh. EL Zucker • 3-4 EL Kakao • 25 g Hartfett
1-2 EL Rum oder Milch

Ei mit Zucker und Vanillezucker rühren, bis der Zucker gelöst ist. Kakao unterrühren. Das zerlassene, warme Hartfett nach und nach unterrühren. Mit Rum oder Milch den Guss glatt rühren. Auf den erkalteten Kuchen streichen.
Diese Menge reicht für 1 Backblech. Das Rezept ist bei allen Thüringern bekannt und beliebt. Ein Hirschhornkuchen ohne diesen Guss wäre undenkbar.

Gitterkuchen

(für ½ Backblech)

Teig:
100 g Margarine
1 Ei • 125 g Zucker
1 Pck. Vanillezucker
1 Prise Salz • 1 EL Milch
300 g Mehl
½ Pck. Backpulver

Belag:
500 g Johannisbeeren (TK)
300 ml Saft
3-4 EL Zucker
1 Pck. Puddingpulver Erdbeergeschmack
1 EL Speisestärke • 1-2 EL Grieß
1 Eigelb • 1-2 EL Milch

Weiche Margarine mit Zucker, Ei, Vanillezucker, Salz und Milch verrühren, die halbe Mehlmenge unterrühren. Den Rest Mehl mit Backpulver gemischt unterkneten. 30 Minuten kühl stellen. Dann 400 g Teig auf die Hälfte eines gefetteten Backblechs ausrollen oder in eine Springform legen.
Von den aufgetauten, gut abgetropften Johannisbeeren den Abtropfsaft mit anderem roten Saft oder Wasser auf 300 ml auffüllen. Aus dem Saft mit Zucker, Puddingpulver und Speisestärke einen Pudding kochen, die Beeren unterrühren.
Auf den ausgerollten Teig 1-2 EL Grieß streuen, die Beerenmasse darüber geben. Den restlichen Teig (200 g) ausrollen und mit dem Kuchenrädchen Streifen ausrädeln. Teigstreifen als Gitter über den Kuchen legen. Eigelb mit 1-2 EL Milch verquirlen und die Gitterstreifen damit bepinseln. Backen.

Backzeit: 30-35 Minuten
Backhitze: 200 °C

TIPP:
Bei frischen Johannisbeeren die Saftmenge etwas reduzieren. Den ausgerollten Kuchen vor dem Belegen immer mit einer Gabel mehrmals einstechen, damit sich keine Blasen bilden.
Je nach Geschmack kann für den Belag statt Erdbeerpudding auch 1 Päckchen glatte Rote Grütze oder Vanillepudding verarbeitet werden.

vorn rechts: Gitterkuchen
vorn links: Quarkkuchen mit Krokantguss (S. 18)

Hefeteig Grundrezept

(für 1 Backblech)

80-100 g Margarine
70 g Zucker • 1 Prise Salz
350 g Mehl
80-100 ml Milch
20 g frische Hefe
evtl. abgeriebene Zitronenschale

Weiche Margarine, Zucker und Salz gut verrühren. Mehl darüber sieben und mit der zuvor in lauwarmer Milch aufgelösten Hefe gut verkneten. Zugedeckt im Warmen 1 Stunde gehen lassen, nochmals gut durchkneten, ausrollen und nach dem jeweiligen Rezept weiter verarbeiten.

TIPP:
Gibt man ein Ei dazu, wird der Teig stabiler.
In dem Fall die Milchmenge etwas reduzieren.
Ein guter Teig für feuchte Fruchtbeläge.

Quarkölteig Grundrezept

falscher Hefeteig

(für 1 Backblech)

100 g trockener Quark
4 EL Milch • 4 EL Öl • 60 g Zucker
250-275 g Mehl
½ reichliches Pck. Backpulver
1 Ei • 1 Prise Salz

Alle Zutaten gut miteinander verkneten. Die Teigkugel sofort ausrollen, belegen und backen. Der Belag sollte daher als erstes zubereitet werden! Bleibt der Teig zu lange stehen, wird er klebrig und lässt sich schlecht verarbeiten.
Dieser Teig unterscheidet sich kaum vom echten Hefeteig.

von links:
Hummelkuchen (S. 24)
Gitterkuchen (S. 14)
Dreierleikuchen (S. 26)
Marzipankuchen (S. 20)
Frischkäsekuchen mit Pflaumenguss (S. 10)
Hummelkuchen

Quarkkuchen mit Krokantguss

(für ½ Backblech)

½ Hefeteig nach Grundrezept (S. 16)

Belag:
2 Eier • 75 g Zucker
1 Pck. Vanillezucker
abgeriebene Schale von ½ Zitrone
400 g Magerquark
2 TL Speisestärke
75 g zerlassene Butter
200 ml Schlagsahne
75 g Korinthen oder Rosinen
3 EL Rum

Guss:
75 g Butter
75 g Zucker
100 ml Sahne
100 g nicht zu fein gemahlene Mandeln oder Nüsse

Hefeteig (S. 16) zubereiten und gehen lassen.
Eier mit Zucker, Vanillezucker und Zitronenschale verrühren. Quark, Speisestärke und die etwas abgekühlte zerlassene Butter unterrühren, mit der Sahne alles glatt rühren. Zum Schluss die in Rum eingeweichten Korinthen untermischen (mit Rum).
Den Hefeteig auf ein halbes Backblech ausrollen oder in eine Springform legen. Den Belag auf den Hefeteig streichen, noch etwas gehen lassen und dann backen.
Erkaltet einen Krokantguss darübergeben. Dafür Butter, Zucker und Sahne in einem Topf 2 Minuten kochen lassen. Nüsse unterrühren und über der erkalteten Quarkschicht verteilen.

Backzeit: 35-40 Minuten
Backhitze: 180 °C

Die Krokantmasse verhindert ein schnelles Austrocknen der Quarkschicht.
Sehr feiner Festtagskuchen.

Pfirsichmuskuchen

(für 1 Backblech 23 x 23 cm)

Teig:
100 g Butter
100 g Staubzucker
2 Eier
125 g Mehl
1 TL Backpulver

Belag:
1 große Dose Pfirsiche (850 g)
(davon 450 g Pfirsiche, 300 ml Saft)
1-2 geh. EL Zucker
1 Pck. Aprikosengötterspeise
2 EL Aprikosenmarmelade

Weiche Butter mit Staubzucker cremig schlagen. Nach und nach die Eier zugeben. Mehl mit Backpulver vermischt unterschlagen. Teig auf ein gefettetes Blech (23 x 23 cm) aufstreichen und backen.
Die gut abgetropften Pfirsiche zu Mus mixen. Heißen Pfirsichsaft mit Zucker und Götterspeisepulver verquirlen und gut aufgelöst mit dem Mus verrühren. Die abgekühlte Gebäckplatte umdrehen und dünn mit der Marmelade bestreichen. Pfirsichmasse bei Gelierbeginn darüberstreichen und kalt stellen.

Backzeit: 15-20 Minuten
Backhitze: 190 °C

TIPP:
Mit einem Gebäckrahmen um den Kuchen läuft der Belag nicht aus.

Marzipankuchen

(für ½ Backblech)

Teig:

200 g Rohmarzipan • 3 EL Rum
100 g weiche Butter
½ Fläschchen Bittermandelöl
1 Pck. Vanillezucker
125 g Mehl • ½ Pck. Backpulver
3 Eier • 75-100 ml Sahne

Guss:

50 g weiche Butter
50 g Nugatcreme
50 g zerlassene Kuvertüre

Rohmarzipan in Flöckchen zupfen und mit Rum, weicher Butter, Bittermandelöl und Vanillezucker verschlagen. Nun das Mehl mit Backpulver vermischt unterschlagen und zuletzt die verquirlten Eier unterschlagen. Mit Sahne alles glatt schlagen. Den Teig auf die Hälfte eines Backblechs streichen und backen.
Weiche Butter mit Nugatcreme verrühren und anschließend die zerlassene abgekühlte Kuvertüre unterrühren. Auf den erkalteten Kuchen streichen.

Backzeit: 20-25 Minuten
Backhitze: 180 °C

Puddingkuchen

(für Kastenform 24 cm)

175 g Zucker
4 Eier
1 Tasse Öl
4 Pck. Vanillepuddingpulver
1 gestr. TL Backpulver

Zucker und Eier cremig schlagen. 2 Päckchen Puddingpulver unterschlagen. Nun das Öl unterschlagen und den Rest Puddingpulver mit Backpulver gemischt. Kastenform einölen. Dann mit Pergamentpapier auslegen und nochmal gut fetten. Nun den Teig einfüllen und glatt streichen. Backen. Erkaltet mit Schoko- oder Staubzuckerguss bestreichen.

Backzeit: 50-60 Minuten
Backhitze: 180 °C

vorn: Marzipankuchen
hinten: Schoko-Johannisbeer-Kuchen (S. 22)

Schoko-Johannisbeer-Kuchen

(für Springform 26-28 cm Ø
oder 1 Backblech 25 x 25 cm)

Teig:
50 g Zucker • 1 Ei
75 g Margarine
½ TL Backpulver
200 g Mehl

Belag:
1-2 EL Grieß
250-300 g rote Johannisbeeren
(frisch oder TK)
2 Eier • 50 g Zucker
250 g Magerquark
200 ml Sahne
100 ml Milch • ½ EL Kakao
150 g Naturjoghurt
1 Pck. Vanillepuddingpulver
100 g Blockschokolade

Guss:
125 g Bitterschokolade
75 g Butter

Von Zucker bis Mehl einen Teig rühren bzw. kneten und auf dem gefetteten Backblech ausrollen. Dünn mit Grieß bestreuen und die frischen oder locker gefrosteten Beeren darüber streuen.
Eier mit Zucker verrühren. Quark, Sahne, Milch, Kakao, Joghurt und Puddingpulver unterrühren. Im Wasserbad zerlassene Blockschokolade einrühren und alles glatt schlagen. Diese hellbraune, ziemlich flüssige Quarkmischung über den Beeren verteilen. Backen.
Erkaltet einen dunklen Schokoguss aus zerlassener Bitterschokolade und Butter über den Kuchen streichen und mit Kamm garnieren. Dafür Schokolade und Butter langsam zerlassen und gut verrühren.

Backzeit: 40-45 Minuten
Backhitze: 180 °C

Feiner Festtagskuchen, der sich einige Tage frisch hält.

TIPP:
Für besondere Anlässe kann man auf den erkalteten Kuchen noch eine dünne Schicht Buttercreme streichen. Und erst nach dem Festwerden den Schokoguss darüber geben. Sieht besonders fein aus.
Der Kuchen wird ziemlich hoch, kann also auch in Schnitten geteilt werden.

Apfel-Walnuss-Kuchen

(für ½ Backblech)

Teig:
75 g Butter • 2 Eier
100 g Zucker
abgeriebene Zitronenschale von
1 kleinen Zitrone
100 g saure Sahne
200 g Mehl
1 geh. TL Backpulver

Belag:
500 g Apfelscheiben
2 EL Zitronensaft
50 g grob geschnittene Walnüsse
evtl. 50 g Rosinen

Die Butter unter Rühren etwas bräunen. Eier, Zucker, Zitronenschale und saure Sahne unter die noch flüssige, aber erkaltete Butter rühren. Mehl mit Backpulver gesiebt zugeben. Alles auf die halbe Länge eines gefetteten Blechs streichen.
Nicht zu dicke Apfelscheiben mit Zitronensaft vermischt in einem Dämpfeinsatz halb weich dünsten. Dann nicht zu dicht auf den aufgestrichenen Teig legen, mit Walnüssen und evtl. mit Rosinen bestreuen und backen.
Erkaltet mit zerlassener Butter bepinseln und vor dem Auftragen dünn mit Staubzucker besieben.

Backzeit: 25-30 Minuten
Backhitze: 180-200 °C

 ***TIPP:***

Der Kuchenbelag kann noch mit Rosinen verfeinert werden. Auch mit weißem Staubzucker oder Schokoguss sieht der Kuchen sehr schön aus.
Der Kuchen schmeckt am ersten und zweiten Tag am besten.

Hummelkuchen

(für ½ Backblech)

Teig:
75 g Zucker
75 g Margarine • 1 Ei
1 Prise Salz • 1 EL Wasser
1 Pck. Vanillezucker
etwas abgeriebene Zitronenschale
175-200 g Mehl
1 gestr. TL Backpulver

Belag:
150 g Honig
100 g Margarine
1 EL Grieß
150 g Walnüsse
2-3 EL Zitronensaft
5-6 EL Sahne • 1 Ei

Alle Teigzutaten verrühren und verkneten. Den Teig auf die Hälfte eines gefetteten Backblechs oder ein entsprechend kleines Backblech ausrollen. Für den Belag Honig, Margarine und Grieß aufkochen. Die (in der Mühle) gemahlenen Nüsse unterrühren, Zitronenschale und Sahne zugeben. Etwas abgekühlt das Ei mit dem Schneebesen unterschlagen. Den Kuchen mit einer Gabel mehrmals einstechen und den ziemlich flüssigen Belag darüber verteilen. Backen.
Nicht zu dunkel werden lassen, deshalb bitte keine Butter für den Belag verwenden. Der Belag bleibt in der Röhre während des Backens weich. Erst wenn der Kuchen erkaltet, wird er etwas fest.

Backzeit: 30-35 Minuten
Backhitze: 180 °C

Ein saftig würziger Festtagskuchen, der schnell zubereitet ist.

vorn links: Hummelkuchen
vorn rechts: Dreischichtenkuchen (S. 26)

Dreischichtenkuchen

(für ½ Backblech oder
1 Backblech 25 x 25 cm)

Teig:

3 Eier • 1 Eigelb
125 g Zucker
275 g Mehl
1 Pck. Backpulver
250 g Schmand
150 g Margarine
2 EL Kakao
50 g gemahlener Mohn
6 EL Milch

Guss:

1 Eiweiß • 75 g Staubzucker
75 g Hartfett
bunte Zuckerstreusel

Eier, Eigelb und Zucker cremig aufschlagen. Mehl mit Backpulver und 200 g Schmand unterschlagen. Zerlassene, abgekühlte Margarine nach und nach und langsam unterschlagen. ¼ vom Teig in eine Schüssel geben. Den Rest in zwei Teile teilen (ca. ein Drittel und zwei Drittel). Einen Teil mit Kakao und 50 g Schmand mischen und auf das gefettete Backblech streichen.
Den helleren und größeren Teil (aus der Schüssel) darüber streichen. Den Rest Teig mit gemahlenem Mohn und Milch verrühren und auf den hellen Teig streichen. Mit einem Löffel Wellen ziehen, so dass sich die Teige ein wenig miteinander vermischen. Backen.
Das Eiweiß ziemlich steif schlagen, Staubzucker unterrühren und das zerlassene, abgekühlte Hartfett nach und nach unterschlagen. Diesen schönen weißen Guss auf den erkalteten Kuchen streichen und bunte Zuckerstreusel darüber streuen.

Backzeit: 25-30 Minuten
Backhitze: 180 °C

Ein hübsch aussehender und saftiger Kuchen.

TIPP:
Die drei Teige können in beliebiger Reihenfolge übereinander gestrichen werden.

Brombeerkuchen

(für ½ Backblech)

½ Hefeteig oder Quarkölteig
nach Grundrezept (S. 16)

Belag:
¾ Glas Brombeeren
(400 g Früchte und 350 ml Saft)
1 Pck. Vanillepuddingpulver
2 EL Grieß
2-3 EL Zucker (nach Geschmack)

Streusel:
100 g Kokosraspeln
75 g Zucker
75 g zerlassene Butter
50-75 g Mehl

Hefe- oder Quarkölteig zubereiten (S. 16) und gehen lassen. Den Teig nicht zu dick ausrollen und mehrmals mit einer Gabel einstechen. Gut abgetropfte Brombeeren mit dem Pürierstab pürieren und durch ein Sieb streichen. Abtropfsaft mit Puddingpulver, Grieß und Zucker zu einem straffen Pudding kochen. Das Fruchtfleisch unterrühren und alles kurz aufkochen. Die abgekühlte Fruchtmasse auf den Teig streichen.
Kokosraspeln in einer trockenen Pfanne hellbraun rösten, mit Zucker und zerlassener Butter vermengen,dann das Mehl zugeben. Alles zu Streuseln verkneten. Nicht zu große Streusel über den Kuchen streuen und backen. Die Streusel sollen dabei etwas breit laufen und sich mit den Brombeeren vermischen – sieht sehr schön aus.

Backzeit: 25-30 Minuten
Backhitze: 180-200 °C

Aromatisch-saftiger Kuchen mit knusprigen Kokosstreuseln, der sich ein paar Tage frisch hält.

Rote Grütze-Quark-Kuchen

(für ½ Backblech oder
1 Backblech 25 x 25 cm)

Teig:
75 g Zucker • 1 Eigelb
50 g Margarine
150 g Mehl
1 geh. EL Kakao
½ TL Backpulver

Belag:
1 Ei • 3 EL Zucker
1 Pck. Vanillezucker
Saft und abgeriebene Schale von ½ Zitrone
50 g Margarine
200 g Sahnequark (20 %)
100 g Frischkäse
350 ml Milch
1 Pck. Vanillepuddingpulver

Creme:
250 ml Wasser • 3 EL Zucker
1 Pck. Rote Grütze (glatt)
50 ml Wasser
1 gestr. TL Gelatine
50 g Butter
50 g feste Margarine
25 g Hartfett

Zucker mit Eigelb und mit zerlassener erkalteter Margarine verrühren. Mit Mehl, Kakao und Backpulver zu mittelgroßen Streuseln verkneten und auf dem gefetteten Backblech verteilen.
Das Ei mit Zucker, Vanillezucker, Zitronensaft, Zitronenschale und weicher Margarine verschlagen. Quark und Frischkäse unterrühren. Aus Milch und Puddingpulver einen Pudding kochen, ebenfalls zugeben und gut verrühren. Über dem Streuselteig verteilen und backen.
Aus Wasser, Zucker und Rote Grütze-Pulver einen Pudding kochen. Die in 50 ml heißem Wasser aufgelöste Gelatine unterrühren. Butter und Margarine cremig schlagen und die handwarme Grütze löffelweise unterschlagen. Das zerlassene, warme Hartfett flott unterschlagen. Diese schöne rosa Creme auf die erkaltete Quarkmasse streichen. Kann noch mit Kamm verschönert und evtl. mit Schokostreuseln garniert werden.

Backzeit: 30-35 Minuten
Backhitze: 180 °C

TIPP:
Die Creme hält den Kuchen länger frisch, der Quark trocknet dadurch nicht so schnell aus.

hinten: Rote Grütze-Quark-Kuchen
vorn: „Leckerfleckchen" (S. 30)

„Leckerfleckchen"

(für ½ Backblech)

Teig:
125 g Margarine
100 g Staubzucker
2 Eier
150 g Mehl
1 TL Backpulver
1 EL Zitronensaft
1-2 TL abgeriebene Zitronenschale

Belag:
50 g Butter
50 g Staubzucker
1 kleines Ei
100 g gehackte Mandeln
75 g Rosinen oder Korinthen
1-2 EL Rum
50 g Hartfett
30 g Bitterschokolade
2 TL Öl oder Butter

Margarine mit Staubzucker cremig schlagen. Eier nicht zu kalt unterschlagen. Mehl mit Backpulver mischen, zusammen mit Zitronenschale und -saft gemischt unterschlagen. Auf die Hälfte eines mit Papier belegten Kuchenblechs aufstreichen und backen.
Butter mit Staubzucker cremig schlagen, das Ei nicht zu kalt unterschlagen. Mit den gehackten Mandeln und den in Rum eingeweichten Rosinen vermischen. Nun das zerlassene Hartfett einrühren. Alles auf den erkalteten Kuchen streichen. Schokolade zerlassen, mit Öl oder Butter verrühren und über den Kuchen träufeln.
Vor dem Verzehr in Stücke schneiden.

Backzeit: 15-20 Minuten
Backhitze: 180 °C

TIPP:
Die Zugabe von Öl oder Butter zur Schokolade verhindert, dass die Schokolade beim Schneiden zerbricht.
Zerschnittene Rosinen oder Korinthen und fein gehackte Mandeln geben eine noch bessere Bindung.

Karamellcremekuchen

(für 1 Backblech 25 x 25 cm)

½ Hefeteig nach Grundrezept (S. 16)

Karamellcreme:
150 g Zucker
700 ml Milch
2 Pck. Karamellpudding- oder Vanillepuddingpulver
50 g Butter
2 EL Rübensirup

Guss:
75 g Walnüsse
1 TL Butter
1 TL Zucker
200 ml Sahne
200 g Schmand
3 Eier
1 geh. TL Speisestärke
2 EL Zucker

Einen Hefeteig zubereiten (S. 16) und gehen lassen.
Zucker in einem breiten Topf langsam zerlassen und unter Rühren hellbraun karamellisieren. Mit 250 ml Milch alles langsam loskochen. Ist der Zucker aufgelöst, die Karamellmasse mit der restlichen Milch zu einem Pudding kochen. Sirup und Butter einrühren. Alles auf den ausgerollten Hefeteig streichen.
Die Nüsse grob zerkleinern, in Butter etwas anrösten und wenig Zucker darüber streuen. Alles sofort über den Pudding streuen. Für den Guss die Sahne, Schmand, Eier und Stärke mit dem Zucker verquirlen und über den Nüssen verteilen. Backen.

Backzeit: 35-40 Minuten
Backhitze: 180 °C

Zweifarbiger saftiger Thüringer Kuchen, der anstatt mit Nüssen meist mit einer dicken Schicht Rosinen bestreut wird.

 ***TIPP:***
Die übrig gebliebene Hälfte vom Teig kann eingefroren oder für einen weiteren Kuchen verwendet werden.

Quarkkuchen mit Guss

(für ½ Backblech)

½ Hefeteig nach Grundrezept (S. 16)

Belag:

500 g Quark (20 % Fett)
2 Eier
2-3 EL Zucker
1 TL Zitronenschale
1 EL Zitronensaft
75 ml Sahne
1 EL Grieß
1 große Prise Salz

Guss:

250 ml Milch
1 Pck. Vanillesoßenpulver
1 EL Zucker
50 ml Sahne
75 g Butter
1 Pck. Vanillezucker
1 Ei • 1 gestr. TL Speisestärke

Streusel:

100 g Mehl
75 g Butter
100 g Zucker

Einen Hefeteig zubereiten (S. 16) und gehen lassen. Alle Belagzutaten verrühren und auf den ausgerollten Hefeteig streichen.
Aus Milch, Soßenpulver und Zucker einen Pudding kochen. Etwas abgekühlt die Sahne, zerlassene Butter, Vanillezucker, Ei und wenig Speisestärke verrühren und löffelweise über den Quarkbelag streichen. Aus Mehl, Zucker und Butter kleine Streusel kneten und auf den Guss streuen. Backen.

Backzeit: 40 Minuten
Backhitze: 180-200 °C

Ein saftig-knuspriger Kuchen. Der feine Sahne-Butter-Guss lässt ihn nicht so schnell austrocknen.

TIPP:
Zieht man über den gebackenen Kuchen noch dünne Schokolinien sieht er besonders festlich aus.

Rhabarber-Erdbeer-Kuchen

(für ½ Backblech)

½ Hefeteig oder Quarkölteig (S. 16)

Belag:
400 g Rhabarberstücke
400 g Erdbeeren • 100 g Zucker

Guss:
1 EL Butter • 1 EL Semmelmehl oder Grieß • 200 g saure Sahne
100 ml Schlagsahne • 3 Eier
2 TL Speisestärke • 75 g Zucker

Einen Hefe- oder Quarkölteig zubereiten und gehen lassen. Den Teig nicht zu dick auf die Hälfte eines gefetteten Backblechs ausrollen. Rhabarberstücke mit kochendem Wasser überbrühen, abgießen, gut abtropfen lassen, mit Zucker und den halbierten Erdbeeren vermischen. Kuchen mit zerlassener Butter bepinseln und mit Semmelmehl bestreuen. Das Obstgemisch darauf verteilen. Eier mit saurer Sahne, Schlagsahne, Zucker und Speisestärke verquirlen und löffelweise über dem Obst verteilen.
Den erkalteten Kuchen mit Butter bepinseln und vor dem Auftragen mit Staubzucker besieben.

Backzeit: 30-35 Minuten
Backhitze: 180 °C

Schwarzer Johannisbeer-Kuchen

(für ½ Backblech)

½ Hefeteig oder Quarkölteig (S. 16)

Belag:
300 g schwarze Johannisbeeren (frisch oder TK)

Guss:
2 Eier • 75 g Zucker
1 Pck. Vanillezucker
1 Pck. Vanillepuddingpulver
200 ml saure Sahne
200 g Schmand

Hefe- oder Quarkölteig zubereiten und gehen lassen. Den Teig nicht zu dick auf die Hälfte eines Blechs ausrollen.
Eier mit Zucker und Vanillezucker verrühren, Puddingpulver, saure Sahne und Schmand unterrühren. 5 bis 6 EL davon auf den ausgerollten Teig streichen und die Beeren darüber streuen. Restliche Sahnemasse auf den Beeren verteilen und backen.

Backzeit: 30-35 Minuten
Backhitze: 180 °C

TIPP:
Selbst eingefrorene Beeren kurz mit heißem Wasser überspülen – das macht sie locker.

Frischkäse-Nusskuchen

(für ½ Backblech)

Teig:
100 g Margarine • 100 g Zucker
2 Eier • 100 g Frischkäse
100 g Nougatcreme
100 g gemahlene Nüsse • 125 g Mehl
1 leicht geh. TL Backpulver

Belag:
100 g Frischkäse • 50 ml Milch
½ TL Zimt • 1 Pck. Vanillezucker
100 g Blockschokolade

Margarine, Zucker und Eier cremig schlagen. Frischkäse und Nougatcreme unterschlagen. Nüsse zugeben. Mehl mit Backpulver vermischt zufügen und alles zu einem glatten Teig rühren. Auf die Hälfte eines gut gefetteten Backblechs streichen und backen.
Frischkäse mit Milch, Vanillezucker und Zimt verrühren. Mit zerlassener Schokolade verrühren und auf den erkalteten Boden streichen.

Backzeit: 25-30 Minuten
Backhitze: 180-200 °C

Ein schneller saftiger Schokokuchen.

Pudding-Rosinen-Kuchen nach Suhler Art

(für Springform 26 cm Ø)

Teig:
50-75 g Margarine • 50 g Zucker
Salz • 1 Ei
150-175 g Mehl • 1 TL Backpulver

Belag:
500 ml Milch
200 g Schmand oder saure Sahne
1 Pck. Vanillepuddingpulver
2 EL Zucker • 150 g Rosinen

Guss:
2 Eier • 1-2 EL Zucker
400 ml Crème fraîche • 75 ml Milch

Aus den Zutaten einen Teig kneten und in einer Springform ausrollen. Für den Belag aus Milch, Zucker und Puddingpulver einen Pudding kochen, Schmand unterrühren. Pudding auf den Teig streichen, mit den Rosinen bestreuen. Eier mit Zucker verschlagen und mit Crème fraîche und Milch verrühren. Löffelweise über den Belag geben. Backen.

Backzeit: 40-45 Minuten
Backhitze: 180-190 °C

Ein saftiger Kuchen, der am ersten und zweiten Tag am besten schmeckt.

Feine Schnitten und Kleingebäck

Stachelbeerschnitten

(für ½ Backblech)

Mürbeteig:

50 g Margarine • 1 kleines Ei
50 g Zucker
125 g Mehl
¼ TL Backpulver • 1 Prise Salz
1 EL rote Marmelade

Biskuitteig:

3 Eier
100 g Zucker
75 g Mehl
50 g Speisestärke
1 TL Backpulver

Belag:

300 ml Apfelsaft
2-3 EL Zucker
250-300 g kleine Stachelbeeren
1 Pck. Gelatine

Die Zutaten für den Mürbeteig ohne Marmelade verkneten, 1 Stunde kühl stellen, nochmal zusammenkneten, dann auf die Hälfte eines Backblechs ausrollen. Backen.

Für den Biskuitteig die Eier mit Zucker dickcremig schlagen. Mehl, Backpulver und Stärke langsam unterschlagen. Auf der Hälfte eines Kuchenblechs auf Papier backen. Marmelade dünn auf den erkalteten Mürbeteig-Boden streichen und den Biskuitboden darüber legen.

Apfelsaft mit Zucker kochen, frische oder gefrostete Beeren dazugeben und wieder aufkochen. Beiseite stellen, damit die Beeren nicht zerkochen. Nach ca. 5 Minuten die vorher aufgelöste Gelatine unterrühren. Vor dem Erstarren die Fruchtmasse auf dem Kuchen verteilen.

Mürbeteig:
Backzeit: 10-15 Minuten
Backhitze: 180 °C
Biskuitteig:
Backzeit: 10-15 Minuten
Backhitze: 180 °C

Schwarze Johannisbeer-Schnitten

(für ½ Backblech)

Teig:
100 g Zucker
3 Eier
125 g Mehl
1 TL Backpulver

Belag:
250 g schwarze Johannisbeeren
3 EL Zucker
75 ml Wasser
1 Pck. Gelatine
150 g Joghurt
200 ml Sahne
1 Pck. Sahnesteif

Zucker mit den Eiern cremig schlagen, das Mehl mit Backpulver vermischt unterschlagen. Teig auf die Hälfte eines Backblechs oder in eine 26 cm Ø Springform geben. Backen.
Beeren mit Zucker erhitzen, nicht kochen. Die in warmem Wasser aufgelöste Gelatine in die heißen Beeren rühren. Alles pürieren. Die erkaltete Masse mit Joghurt vermischen. Kurz vor Gelierbeginn die mit Sahnesteif steif geschlagene Sahne unterziehen. Auf den gebackenen Boden streichen und fest werden lassen. In Schnitten teilen und evtl. mit Sahnetupfern garnieren.

Backzeit: 20-25 Minuten
Backhitze: 180 °C

Zu den kräftig aromatischen Schnitten passt gut eine Sahnegarnitur.

im Uhrzeigersinn von hinten links:
Cremige Zimtschnitten (S. 48)
Joghurt-Waldmeister-Schnitten (S. 54)
Marzipanschnitten festliche Art (S. 40)
Pfirsichmuskuchen (S. 19)
Kakao-Walnuss-Schnitten (S. 46)
Schoko-Nusscreme-Schnitten (S. 44)
Mohnschnitten (S. 42)

Kirsch-Sahne-Ringe

(für 7-8 Stück)

Teig:
125 ml Milch
125 ml Wasser • 1 Prise Salz
75 g Butter
150 g Mehl
4 Eier
1 TL Backpulver

Füllung:
1 Glas Sauerkirschen
(300 ml Abtropfsaft)
1 Pck. Vanillepuddingpulver
150 ml Wasser • 3 EL Zucker
400 ml Sahne
2 Pck. Vanillezucker
1 Pck. Sahnesteif
1 geh. TL Staubzucker, gesiebt
75 g Bitterschokolade • 1 TL Öl

Milch, Wasser und Butter mit Salz aufkochen. Kurz beiseite stellen und dann mit dem Mehl kräftig verrühren. Wieder auf die Platte stellen und so lange rühren, bis alles zu einem Kloß geworden ist und am Topfboden ein leicht grauer Belag zu sehen ist. Nun von der Platte nehmen und ein Ei in der heißen Masse gründlich verrühren. Etwas abgekühlt die restlichen Eier nacheinander unterrühren (immer erst ein Ei gründlich verrühren). Ist der Teig nur noch lauwarm, das Backpulver darüber sieben und gut verrühren. Mit einem Spritzbeutel und großer Zackentülle dicke große Ringe auf ein gefettetes Blech spritzen. (Vorher mit einem in Mehl getauchten Glas von ca. 7 bis 8 cm Durchmesser die Ringgröße auf dem Blech markieren.) Dann backen und noch 10 Minuten in der abgestellten Röhre ruhen lassen. Die Ringe noch heiß in der Mitte quer durchschneiden.
Aus Kirschsaft, Wasser, Zucker und Puddingpulver einen Pudding kochen und die gut abgetropften Kirschen unterrühren. Die abgekühlte Masse in die erkalteten unteren Ringhälften füllen.
Die mit Sahnesteif, Vanillezucker und Staubzucker steif geschlagene Sahne dick über die Kirschmasse spritzen. Die oberen der Ringhälften mit Schokoguss bepinseln und auf die Sahne setzen.

Backzeit: 30-35 Minuten
Backhitze: 200 °C

Kirschringe sind in unserer Gegend sehr beliebt und gehören auch zu meinem Lieblingsgebäck.

 ***TIPP:***
Auch Windbeutel lassen sich so füllen.

Marzipanschnitten festliche Art

(für 1 Backblech,
ergibt ca. 8-10 Schnitten)

Teig:
100 g Butter
100 g Staubzucker • 2 Eier
75 g Mehl • 50 g Speisestärke
1 gestr. TL Backpulver

3 Füllungen:
350 ml Milch • 1 EL Zucker
1 Pck. Vanillepuddingpulver
75 g Butter
50 g feste Margarine
5-6 EL feste rote Marmelade
3 EL Nugatcreme

Oberfläche:
150 g Rohmarzipan
¼ Fläschchen Bittermandelöl
1 EL Staubzucker • 1 EL Rum

Guss:
1 kleines Eiweiß
75 g Staubzucker
rote Lebensmittelfarbe (Pulver)
50 g Hartfett

hinten: Marzipanschnitten festl. Art
vorn: Mohnschnitten (S. 42)

Butter mit Staubzucker cremig schlagen. Eier nach und nach unterschlagen. Mehl mit Stärke und Backpulver gesiebt langsam unterschlagen. Auf dem mit Backpapier belegten Backblech ausstreichen und backen. Aus Milch, Zucker und Puddingpulver einen Pudding kochen. Butter mit Margarine schaumig schlagen und den handwarmen Vanillepudding unterschlagen.
Die erkaltete Kuchenplatte in vier gleich lange Streifen teilen. Von zwei Streifen jeweils die Unterseite nicht zu dünn mit Marmelade bestreichen, Vanillecreme darüber streichen und zusammensetzen. Nun den dritten Teigstreifen auf die Vanillecreme setzen und mit Nugatcreme bestreichen, den vierten Streifen aufsetzen, etwas andrücken, dünn mit Vanillecreme bestreichen.
Die Marzipanmasse mit Staubzucker, Bittermandelöl nach Geschmack und Rum verkneten. In passender Größe ausrollen und auf die Oberfläche legen. Das Eiweiß nahezu steif schlagen und den gesiebten Staubzucker unterrühren. 1-2 Msp. des Farbpulvers in 2 TL warmem Wasser auflösen und unterrühren. Danach erst das zerlassene, erkaltete Hartfett unterrühren.
Den zartrosa Guss auf die Marzipanschicht geben. Kühl stellen und nach zwei Tagen in ca. 8 bis 10 Stücke schneiden.

Backzeit: 15-20 Minuten
Backhitze: 190 °C

TIPP:
*Kuchenfarbe immer **vor** dem Hartfett unterrühren, sonst bekommt man keine schöne Färbung.*

Mohnschnitten

(für ½ Backblech oder
1 Backblech 25 x 25 cm)

Mürbeteig:
100 g Margarine
75 g Zucker • Salz
2 Eier • ½ Eiweiß • 1 Eigelb
200 g Mehl • ½ TL Backpulver

Biskuitteig:
2 Eier • 75 g Zucker
1 Pck. Vanillepuddingpulver
50 g Mehl • ½ TL Backpulver

Margarine, Zucker, Salz, 1 Ei, 1 Eigelb, ½ Eiweiß (andere Hälfte für Glasur aufheben!), Mehl und Backpulver zu einem Mürbeteig verkneten und eine halbe Stunde kühl stellen.
Dann den Teig auf dem gut gefetteten Blech ausrollen.
Grieß, Zucker, Puddingpulver und Mohn vermischen und mit Milch zu einem Pudding kochen. Gewürze und Butter zugeben. Abgekühlt auf den ausgerollten Teig streichen und backen.
Für die Buttercreme aus Milch, Zucker und Puddingpulver einen Pudding kochen. Butter mit Margarine cremig schlagen und den handwarmen Pudding löffelweise unterschlagen. Auf den erkalteten Mohnbelag streichen.

Mein besonderer Tipp für winterliche Kaffeetafeln:

Pharisäer

125 ml Sahne • ½ TL Vanillezucker • 4 Tassen Kaffee • 4-8 Stck. Würfelzucker • 4 EL Rum

Sahne mit Vanillezucker steif schlagen. Vom Würfelzucker je nach Wunsch 1-2 Stück pro Tasse verteilen. Mit jeweils 1 EL Rum auffüllen.
Den heißen Kaffee auf die vier Tassen verteilen. Von der geschlagenen Sahne je 1 Sahnehäubchen auf jede Tasse geben.

Ein altbekanntes, beliebtes Getränk, das man schon in alten Zeiten in trauter Runde gemütlich nippte, dabei sollte das Sahnehäubchen möglichst bis zum Schluss bleiben.

Mohnbelag:
1 geh. EL Grieß
2 EL Zucker
1 Pck. Vanillepuddingpulver
150 g gemahlener Mohn
500 ml Milch
Zimt • Vanillezucker
abgeriebene Zitronenschale
und -saft von 1 Zitrone
20 g Butter

Buttercreme:
400 ml Milch
1 Pck. Vanillepuddingpulver
1-2 EL Zucker
75 g Butter
75 g Margarine

Glasur:
½ Eiweiß (Rest vom Mürbeteig)
75-100 g Staubzucker
2 TL Zitronensaft
50 g Hartfett

Für den Biskuit Eier mit Zucker dickcremig schlagen und das Puddingpulver, Mehl und Backpulvergemisch langsam unterschlagen. Auf ein mit Backpapier ausgelegtes Blech (25 x 25 cm oder halbes Kuchenblech) streichen und backen.
Erkaltet auf die Buttercreme legen, etwas andrücken und Zitronenguss darüber streichen. Dafür das Eiweiß ziemlich steif schlagen, nicht schaumig! Staubzucker und Zitronensaft unterschlagen und alles mit dem zerlassenen Hartfett verrühren. Bunte Zuckerstreusel können darüber gestreut werden.

Mürbeteig:
Backzeit: 15-20 Minuten
Backhitze: 180-200 °C
Biskuitteig:
Backzeit: 10-15 Minuten
Backhitze: 180 °C

 *TIPP:*

Die Biskuitplatte, die schon am Vortag gebacken werden kann, sofort auf die Buttercreme legen. Wird die Creme fest, hält die Biskuitplatte nicht mehr. Vor dem Anschneiden 1 bis 2 Tage durchziehen lassen, so lässt es sich besser schneiden.

Schoko-Nusscreme-Schnitten

(für ½ Backblech)

Teig:

2 Eier
75 g Zucker
125 g Mehl
1 leicht geh. TL Backpulver
1 geh. EL Kakao
4 EL Öl • 5 EL Milch

Belag:

350 ml Milch
1 EL Zucker • 1 TL Kakao
1 Pck. Vanillepuddingpulver
100 g gemahlene Nüsse
100-125 ml Milch
2 EL Rum
1 TL Kakaopulver • 3 TL Kaffeepulver
75 g Butter
75 g Margarine
3-4 EL Aprikosenmarmelade

Garnitur:

30 g Bitterschokolade • 3 TL Öl

Eier mit Zucker cremig schlagen. Abwechselnd Mehl mit Backpulver, Kakao, Öl und Milch unterschlagen. Auf die Hälfte eines Backblechs aufstreichen und backen.

Aus Milch, Zucker, Kakao und Puddingpulver einen straffen Pudding kochen. Nüsse ohne Fett rösten, mit Milch verrühren und dickkochen. Rum, Kakao- und Kaffeepulver unterrühren. Butter mit Margarine cremig rühren und den handwarmen Pudding löffelweise unterschlagen. Nun die handwarme Nusscreme unter die Puddingcreme schlagen. Den erkalteten Boden mit Marmelade dünn bestreichen und die helle Nusscreme darauf streichen. Mit Schokolinien oder Raspelschokolade verzieren oder mit Schokoguss überziehen. Dafür Schokolade in Öl zerlassen.

Nach zwei Tagen in Schnitten schneiden.

Backzeit: 25-30 Minuten
Backhitze: 180 °C

Aromatische Schnitten, die sich kühl gestellt ein bis zwei Wochen halten.

Stücke mit hellem Guss:
Kakao-Walnuss-Schnitten (S. 46)

Stücke mit dunklem Guss:
Schoko-Nusscreme-Schnitten

Kakao-Walnuss-Schnitten

(für ½ Backblech)

Teig:
100 g Zucker
2 Eier • 1 Eigelb
1 Prise Salz
75 ml Öl • 75 ml Milch
125 g Mehl
2 TL Backpulver
1 geh. EL Kakao
75 g gemahlene Nüsse

Creme:
75 g Butter
75 g Würfelmargarine
400 ml Milch • 1 EL Zucker
1 Pck. Vanillepuddingpulver
1 große Prise Salz

Guss:
½ Eiweiß
75 g Staubzucker
50 g zerlassenes Hartfett

Zucker mit Eiern, Eigelb und Salz cremig schlagen. Öl mit Milch unterschlagen. Mehl mit Backpulver vermischt unterschlagen und dann den Teig teilen. Eine knappe Hälfte mit gemahlenen Nüssen vermischen und die etwas reichlichere Hälfte mit dem Kakao mischen. Beide Teile nebeneinander auf einem mit Backpapier belegten Backblech backen.

Butter mit Margarine cremig schlagen. Aus Milch mit ganz wenig Zucker und Puddingpulver einen Pudding kochen. Handwarm unter das Butter-Margarine-Gemisch schlagen. Salz unterschlagen, Creme auf den Kakaoboden streichen und den Nussboden darüber decken und etwas andrücken.

Das Eiweiß ganz langsam nahezu steif schlagen (nicht schaumig schlagen!). Mit Staubzucker vermischen und das zerlassene Hartfett allmählich gut unterrühren. Auf der Nussoberfläche verstreichen.

Zum Servieren in Schnitten teilen oder in Kuchenstücke schneiden.

Backzeit: 10-15 Minuten
Backhitze: 180 °C

Es lohnt sich, diesen wunderbar pralinenähnlichen Kuchen zu backen. Denn er schmeckt kühl gestellt nach einer Woche noch wie am ersten Tag.

Himbeerschnitten

(für ½ Backblech)

Mürbeteig:
75 g Margarine
1 kleines Ei oder nur 1 Eigelb
50 g Zucker
125-150 g Mehl
¼ TL Backpulver
1 EL rote Marmelade

Biskuitteig:
3 Eier • 100 g Zucker
65 g Mehl • 65 g Speisestärke
1 gestr. TL Backpulver

Belag:
300 ml Wasser • 3-4 EL Zucker
375 g Himbeeren (TK)
1 Pck. Rote Götterspeise (am besten Himbeergeschmack)

Den Boden kann man schon ein, zwei Tage vorher backen. Dafür die Zutaten für den Mürbeteig ohne Marmelade verkneten, kühl stellen, dann auf die Hälfte eines Backblechs ausrollen. Mit einer Gabel mehrmals einstechen und vorbacken.
Für den Biskuitteig die Eier schaumig aufschlagen und mit Zucker dickcremig schlagen. Mehl, Backpulver und Stärke langsam unterschlagen. Marmelade dünn auf den vorgebackenen noch warmen Boden streichen und den Biskuitteig darüber verteilen. Fertig backen.
Aus Wasser, Zucker und Götterspeisepulver eine Götterspeise zubereiten und die gefrosteten Beeren (nicht aufgetaut) in die kochend heiße Götterspeise geben und vermischen. In 5 bis 10 Minuten beginnt alles zu gelieren und kann sofort auf die kalte Kuchenplatte aufgetragen werden.

1. Backzeit: 10 Minuten
Backhitze: 180 °C
2. Backzeit: 15-20 Minuten
Backhitze: 180 °C

Ein fruchtig leichtes Gebäck mit stabiler Unterlage das lange frisch bleibt.

Cremige Zimtschnitten „Kerstin"

(für ½ Backblech)

Teig:
125 g Zucker
2 Eier
75 ml Öl
60 ml Orangensaft
125-150 g Mehl
1 TL Zimt • ½ -1 TL Kakao
½ Pck. Backpulver

1. Belag:
2 kleine Dosen Mandarinen
200 ml Abtropfsaft
1 Pck. Tortenguss
2 gestr. EL Zucker

2. Belag:
200 g Frischkäse
100 g Schmand
½ Pck. Gelatine
3 EL Weinbrand oder Rum
200 ml Sahne
1 Pck Sahnesteif
1 Pck. Vanillezucker
½ TL Zimt

Eier und Zucker dickcremig schlagen, Öl und Orangensaft unterschlagen. Mehl mit Backpulver und Zimt unterrühren. Evtl. noch etwas Kakaopulver dazugeben. Alles zu einem Milchkaffee-farbigen Teig verrühren. Teig auf die Hälfte eines Backblechs oder in eine Springform streichen und backen.

Erkaltet die gut abgetropften Mandarinen auf die Teigplatte legen. Dann den nach Vorschrift mit dem Mandarinensaft zubereiteten Tortenguss darüber verteilen.

Frischkäse mit Schmand verrühren, die in Weinbrand (oder Wasser) aufgelöste Gelatine mit 2 bis 3 EL Frischkäsemasse verrühren. Nun alles flott mit der gesamten Frischkäsemasse vermischen. Die mit Sahnesteif und Vanillezucker steif geschlagene Sahne unterheben. Über den Mandarinen verteilen. Zuletzt mit Hilfe eines feinen Haarsiebs hauchdünn Zimt darüber sieben.

Backzeit: 25-30 Minuten
Backhitze: 180 °C

Zarte Schnitten mit interessantem und fruchtigem Geschmack.

TIPP:
Wenn man die Mandarinen mit dem farbigen Tortenguss vermischt, geht alles etwas schneller.

hinten: Cremige Zimtschnitten „Kerstin"
vorn: Pfirsichmuskuchen (S. 19)

Sauerkirschschnitten

(für ½ Backblech)

Teig:
3 Eier
125 g Zucker
75 g Speisestärke
50 g Mehl
1 TL Backpulver
30 g Margarine
1 EL Kakao

Belag:
1 Glas Sauerkirschen
400 ml Abtropfsaft
1 Pck. Vanillepuddingpulver
Schokoraspeln

Eier mit Zucker dickcremig schlagen. Mehl mit Speisestärke und Backpulver gemischt langsam unterschlagen. Zerlassene Margarine unterschlagen. Die Hälfte Teig mit Kakao vermischen. Den hellen und den dunklen Teig nebeneinander auf das mit Backpapier ausgelegte Kuchenblech streichen. Backen.
Kirschsaft mit Puddingpulver und evtl. etwas Zucker zu einem Pudding kochen und die gut abgetropften Kirschen untermischen. 2/3 der Kirschmasse auf dem dunklen Boden verteilen, den hellen Boden darüber decken, andrücken und den Rest Kirschmasse darauf streichen. Kühl stellen und vor dem Verzehr mit Schlagsahne garnieren und mit Schokoraspeln bestreuen.

Backzeit: 15-20 Minuten
Backhitze: 180-200 °C

Amaretto-Stracciatella-Schnitten

(für Springform 26 cm Ø
oder Backblech ca. 25 x 25 cm)

Teig:
3 Eier • 75 g Zucker
125 g Mehl
1 TL Backpulver
25 g Butter

Eier mit Zucker dickcremig schlagen. Mehl und Backpulver langsam unterschlagen. Zerlassene, erkaltete Butter vorsichtig unterziehen. In einer Tortenform 26 cm Ø oder auf einem kleinen Blech (25 x 25 cm oder auch 27 x 22 cm) backen.
Zucker und die in warmem Likör aufgelöste Gelatine mit dem Quark vermischen. Sahne mit Vanillezucker und Sahnesteif steif schlagen und mit der Quarkmasse vermischen. Diese Masse teilen und in eine Hälfte vorsichtig die Schokoraspeln rühren. Auf den Boden streichen, dann die zweite

Belag:

1-2 EL Zucker • 100 ml Amarettolikör
1 ½ Pck. Gelatine
400 g Magerquark
400 ml Schlagsahne
2 Pck. Vanillezucker
2 Pck. Sahnesteif
100 g Schokoraspeln
50 g Bitterschokolade • 25 g Butter

Hälfte der Masse darüber geben. Schokolade mit Butter im Wasserbad schmelzen und auf die Oberfläche träufeln. In Schnitten teilen.

Backzeit: 15-20 Minuten
Backhitze: 180 °C

Kühl gestellt, bleiben diese einfachen, schnellen Schnitten einige Tage frisch.

Mehrfruchtschnitten

(für ½ Backblech)

Teig:

125 g Margarine
125 Staubzucker • 2 Eier
75 g Mehl
75 g Speisestärke
1 TL Backpulver

Belag:

375 g Fruchtmischung (TK)
300 ml Wasser
1 Pck. rote Götterspeise
2-3 EL Zucker

Margarine und Staubzucker cremig schlagen. Nach und nach die Eier kräftig unterschlagen, bis eine glatte cremige Masse entsteht. Mehl mit Backpulver und Stärke vermischt langsam unterschlagen. Den Teig zur Hälfte auf ein mit Backpapier belegtes Blech streichen und backen.
Aus Götterspeise und Wasser mit Zucker eine Götterspeise zubereiten. Die gefrostete Beerenmischung sofort in die heiße Götterspeise rühren. Nach 5 bis 10 Minuten kann die Fruchtmasse auf den erkalteten Boden gegeben werden.

Backzeit: 15-20 Minuten
Backhitze: 200 °C

TIPP:

Eine dünne Buttercremeschicht verhindert, dass sich die Beerenschicht nach einigen Tagen löst – vorausgesetzt, man hat das Gebäck nicht vorher verzehrt.

Apfel-Himbeer-Schnitten

(für ½ Backblech)

Teig:

2 Eier • 100 g Zucker
1 Pck. Vanillezucker
1 Prise Salz
abgeriebene Zitronenschale nach Geschmack
100 g Margarine
175 g Mehl • 1 TL Backpulver
evtl. 2-3 EL Milch
250 g Apfelscheiben
2 EL Zitronensaft

Belag:

200 g Magerquark • 2 EL Zucker
1 Pck. Gelatine
75 ml Apfelsaft oder Wasser
1-2 EL ungemahlener Mohn
250-300 ml Sahne
1 Pck. Vanillezucker
1 Pck. Sahnesteif

Guss:

250 g Himbeeren • 1 EL Zucker
2 EL Wasser • 1 TL Gelatine

Eier, Zucker, Vanillezucker, Salz, etwas Zitronenschale und weiche Margarine gut verschlagen. Mehl, Backpulver und Milch unterschlagen. Auf die Hälfte eines Backblechs streichen. Nicht zu dicke Apfelscheiben mit Zitronensaft vermischt darüber legen und backen, bis die Apfelscheiben weich sind.
Magerquark mit Zucker verrühren. Gelatine im warmen Apfelsaft auflösen und flott unter den Quark schlagen. Ungemahlenen Mohn unterrühren. Sahne mit Sahnesteif und Vanillezucker steif schlagen und vorsichtig unterheben. Über die Apfelscheiben streichen.
Himbeeren mit Zucker pürieren und die im warmen Wasser aufgelöste Gelatine unterrühren. Alles löffelweise über die schon fest gewordene Creme verteilen und mit einem Schaber vorsichtig verstreichen.

Backzeit: 30-35 Minuten
Backhitze: 180-200 °C

Diese Schnitten erst ab dem zweiten Tag anschneiden. Sie sehen sehr schön aus und halten sich mehrere Tage frisch.

hintere Stücke: Apfel-Himbeer-Schnitten
vordere Stücke: Joghurt-Waldmeister-Schnitten *(S. 54)*

Joghurt-Waldmeister-Schnitten

(für 1 Backblech mit hohem Rand 23 x 23 cm oder Springform)

Teig:

100 g Zucker
75 g Margarine
2 Eier (130-140 g)
75 ml saure Sahne
75 g Mehl
2 EL Kakao
1 TL Backpulver

1. Belag:

150 ml Waldmeistersirup
2 EL Zitronensaft
1 Pck. Gelatine
100 ml Joghurt mild
300 ml Sahne
1 Pck. Vanillezucker
1 Pck. Sahnesteif

2. Belag:

4 EL Wasser
2 EL Zitronensaft
1 Pck. Gelatine
300 ml Joghurt (3,5 %)
300 ml Sahne
2 EL Zucker
2 Pck. Vanillezucker
50 g Bitterschokolade
3 TL Öl

Zucker mit weicher Margarine cremig schlagen. Eier nach und nach unterschlagen. Saure Sahne zugeben. Mehl mit Backpulver und Kakao vermischt langsam unterschlagen. Den Teig auf dem mit Backpapier belegten oder gut gefetteten Blech backen.

Waldmeistersirup mit Zitronensaft erwärmen und mit einem Teil davon die Gelatine in 5 bis 10 Minuten auflösen. Nun mit dem gesamten Saft vermischen. Gut umrühren, damit sich die Gelatine richtig auflöst. Ist alles nur leicht geliert, den Joghurt unterheben. Nun die mit Vanillezucker und Sahnesteif steif geschlagene Sahne mit einem Holzlöffel vorsichtig langsam unterheben. Auf die Unterseite des gebackenen Bodens streichen.

Heißes Wasser mit Zitronensaft und Gelatine unter öfterem Rühren auflösen. 3 EL Joghurt unterrühren. Nun mit Zucker und dem restlichen Joghurt langsam verrühren. Die mit Sahnesteif und Vanillezucker steif geschlagene Sahne unterheben. Diese Creme löffelweise vorsichtig auf die inzwischen fest gewordene Waldmeistercreme streichen. Glatt streichen und später noch mit Schokolinien garnieren. Dafür Schokolade in Öl zerlassen

Backzeit: 15-20 Minuten
Backhitze: 180 °C

TIPP:

Wünscht man sich die Schnitten etwas flacher, kann man einfach ein größeres Blech verwenden.

Pflaumenmusschnitten

(für Kastenform 30 cm)

Teig:
3 Eier
75 g Zucker
20 g Semmelmehl
75 g Mehl
75 g gemahlene Nüsse
2 EL Rum
1 geh. TL Backpulver

1. Füllung:
½ Pck. Gelatine
2 EL Wasser
250 g Pflaumenmus

2. Füllung:
½ Pck. Gelatine
je 1 EL Zitronensaft und Wasser
100 g Frischkäse
300 ml Sahne
2 Pck. Vanillezucker
1 Pck. Sahnesteif
50 g geröstete Mandelblättchen

Eier mit Zucker dickcremig schlagen. Von Semmelmehl bis Backpulver alles untereinander rühren. Eine ca. 30 cm lange Kastenform mit Öl einstreichen und mit Pergamentpapier auslegen, nochmal mit Öl einpinseln, den Teig einfüllen und gleichmäßig verstreichen. Backen. Danach noch 10 Minuten in der abgestellten Röhre ruhen lassen. Am übernächsten Tag quer in drei Teile schneiden.
Die Gelatine gründlich im warmen bis heißen Wasser auflösen und mit dem Pflaumenmus ganz schnell verrühren. Auf den untersten Boden streichen und den zweiten Boden darüber legen. Gelatine in Wasser mit Zitronensaft auflösen und rasch mit dem Frischkäse vermischen. Die mit Sahnesteif und Vanillezucker steif geschlagene Sahne unterziehen. Davon 2/3 auf den zweiten Boden streichen. Den dritten Boden darüber legen. Mit dem Rest Creme die Oberfläche und die Seiten einstreichen.
Die Mandelblättchen etwas anrösten und das Gebäck ringsum damit bestreuen.

Backzeit: 30-40 Minuten
Backhitze: 175 °C

 ***TIPP:***
Zum Einstreichen wird das Gebäck aus der Form genommen und mit Mandelblättchen ringsum bestreut. Das Gebäck kann zurück in die Form gelegt werden, damit es kühl gestellt fest wird. In beliebige Stücke schneiden.

Torten für jeden Anlass

Rotweintorte

Teig:

4 Eier • 125 g Zucker • 2 EL Wasser
100 g Mehl • 25 g Speisestärke
2 EL Kakao • 1 TL Backpulver
50 g Margarine

Füllung:

1 Glas Sauerkirschen
400 ml Abtropfsaft
2 EL Zucker
2 Pck. Tortenguss • 3 EL Rum

Belag:

1 Pck. Gelatine
250 ml tiefroter Rotwein
(z.B. Cabernet Sauvignon)
200 g Frischkäse
2-3 EL Zucker • 3 EL Rum
400 ml Sahne
2 Pck. Vanillezucker
2 Pck. Sahnesteif

Die Eier mit Zucker und Wasser dickcremig schlagen. Mehl mit Backpulver, Speisestärke und Kakao vermischt langsam unterschlagen. Zerlassene Margarine vorsichtig unterziehen. Den Teig in einer 26 cm Ø Springform backen.
Sauerkirschen abgießen, Kirschsaft auffangen und mit Wasser oder rotem Saft auf 400 ml auffüllen. Mit Zucker und Tortengusspulver dickkochen Die abgetropften Kirschen unterrühren und den Rum untermischen. Den am Tag zuvor gebackenen Tortenboden quer durchschneiden und mit der Kirschmasse füllen.
Die Gelatine in 100 ml Rotwein auflösen und mit dem Rest Rotwein vermischen. Frischkäse mit Zucker und Rum verrühren, den schon etwas dicklichen Rotwein unterrühren und die mit Sahnesteif und Vanillezucker steif geschlagene Sahne unterziehen. Diese zart lila Creme auf die Tortenoberfläche streichen. Kann noch mit Schlagsahne und Schokoraspeln garniert werden.

Backzeit: 35-40 Minuten
Backhitze: 180 °C

Schnelle Pflaumentorte

130 g Margarine
130 g Zucker
2 Eier
150 g Mehl
1 TL Backpulver
500 g runde Pflaumen
250 ml roter Saft (Trauben- oder Kirschsaft)
1 Pck. roter Tortenguss
evtl. Zucker

Weiche Margarine mit Zucker gut verschlagen, Eier nach und nach unterschlagen. Mehl mit Backpulver vermischt unterschlagen. Auf den Boden der Springform (26 cm Ø) streichen. Halbierte Pflaumen mit der Schnittfläche nach oben darauf verteilen. Backen.
Aus rotem Saft mit Tortengusspulver und etwas Zucker einen Guss herstellen und über den erkalteten Kuchen geben. Mit Schlagsahne garnieren.

Backzeit: 25-30 Minuten
Backhitze: 200 °C

Schoko-Frischkäse-Torte

Teig:
3 Eier • 2-3 EL warmes Wasser
100 g Zucker • 100 g Mehl
1 TL Backpulver • 50 g Speisestärke

Creme:
200 g leichter Frischkäse
2-3 EL Zucker
100 g Bitterschokolade
400 ml Schlagsahne
2 Pck. Vanillezucker
2 Pck. Sahnesteif
dunkle und weiße Schokoraspeln

Die Eier mit Wasser schaumig schlagen und mit dem Zucker dickcremig schlagen. Mehl mit Backpulver und Speisestärke vermischt unterschlagen. In einer 26 cm Ø Springform backen.
Frischkäse mit Zucker verrühren. Schokolade im Wasserbad schmelzen und mit dem Frischkäse vermischen. Sofort die mit Vanillezucker und Sahnesteif steif geschlagene Sahne unterziehen. Auf den erkalteten Tortenboden geben und mit gemischten Schokoraspeln dick bestreuen.

Backzeit: 20-25 Minuten
Backhitze: 180 °C

Zart-sahnige Torte, die bei Gästen gut ankommt.

Kakao-Kirsch-Torte

Teig:
125 g Zucker
4 Eier
100 g Mehl
1 gestr. TL Backpulver
100 g Speisestärke
50 g Butter

Belag:
400 ml Milch
3 EL Zucker
1 Pck. Vanillepuddingpulver
100 g Butter
75 g Margarine
2 EL Zucker
1 geh. EL Kakao
2-3 EL Rum
300 g Sauerkirschen aus dem Glas

Zucker mit den Eiern dickcremig schlagen. Mehl mit Backpulver und Speisestärke vermischt kurz unterschlagen. Zerlassene, fast erkaltete Butter (oder Margarine) kurz unterschlagen. Teig in einer Springform von 26 cm Ø gleichmäßig verteilen und backen. Nach dem Erkalten quer durchschneiden.
Aus Milch, 2 EL Zucker und Puddingpulver einen Pudding kochen. Margarine und Butter cremig schlagen und den handwarmen Pudding unterschlagen.
Die Hälfte der Creme mit den gut abgetropften, halbierten, Kirschen vermischen. Auf einen Tortenboden streichen, den zweiten Boden aufsetzen, etwas andrücken. Restliche Creme mit Kakao, Rum und 1 EL Zucker vermischen und auf die Tortenoberfläche streichen. Alles dick mit Schokoraspeln bestreuen.

Backzeit: 35-40 Minuten
Backhitze: 180 °C

Das war zu Omas Zeiten die „gute Torte".

TIPP:
Die Kirschen müssen unbedingt auf dem Sieb nochmal gut ausgedrückt werden, damit die Creme nicht „matschig" wird.

Bananentorte

Teig:
4 Eier
3 EL Wasser
125 g Zucker
100 g Mehl
75 g Speisestärke
1 geh. TL Backpulver
abgeriebene Schale von ½ Zitrone

Belag:
500 ml Milch
2 EL Zucker
1 Pck. Puddingpulver Bananengeschmack
1 Pck. Vanillesoßenpulver
100 g Butter
75 g Würfelmargarine
2 EL Aprikosenmarmelade
3 große Bananen
1 EL Zitronensaft
30 g Bitterschokolade
2 TL Butter

Eier mit Wasser schaumig aufschlagen, nun mit Zucker dickcremig schlagen. Mehl, Speisestärke, Zitronenschale und Backpulver langsam und nur kurz unterschlagen. Teig in einer Springform von 26 cm Ø backen. Den Boden am 2. oder 3. Tag quer durchschneiden.
Aus Milch, Zucker, Pudding- und Soßenpulver einen Pudding kochen. Butter und Margarine cremig schlagen und löffelweise den handwarmen Pudding unterschlagen. 1/3 der Creme auf den unteren Boden streichen, den zweiten Boden darüber decken und mit Aprikosenmarmelade bestreichen. Bananen in 2-3 cm dicke Scheiben schneiden, vorsichtig mit Zitronensaft vermischen, damit sie nicht braun werden. Dann auf die Marmelade legen. Das zweite Drittel der Creme darüber streichen. Restliche Creme an die Seiten streichen und rings um die Torte dicke Cremetupfer spritzen. Die Mitte mit Schokokringeln dekorieren. Dafür die Butter und Schokolade bei wenig Hitze zerlassen. Mit Scheiben aus Geleefrüchten die Cremetupfer garnieren. Den Tortenrand wahlweise noch mit Schokoraspeln oder Kuchenkrümeln bestreuen.

Backzeit: 35-40 Minuten
Backhitze: 180-200 °C

Schnelle Erdbeertorte

Teig:
3 Eier • 150 g Zucker
2 EL Wasser
125 g Mehl • 30 g Kakao
1 leicht geh. TL Backpulver

Füllung:
3 EL Erdbeermarmelade
400 ml Sahne
2 Pck. Vanillezucker
2 Pck. Sahnesteif • 1 EL Rum
klein geschnittene Erdbeeren nach Wahl

Garnitur:
Sahnetupfer • Schokostreusel

Eier mit Zucker und warmem Wasser dickcremig schlagen. Mehl, Kakao und Backpulver langsam unterschlagen. Den Teig in einer Springform von 26 cm Ø langsam backen.
Den erkalteten Boden einmal quer durchschneiden. Das Unterteil mit Erdbeermarmelade dünn bestreichen.
Sahne, Sahnesteif und Vanillezucker steif schlagen. Rum unterrühren. Etwas Sahne über die Marmelade geben. Erdbeeren nach Wahl darüber streuen, etwas Sahne über die Erdbeeren verteilen und den zweiten Boden aufsetzen. Wieder dünn mit Marmelade bestreichen und den Rest der Sahnecreme darüber verteilen. Mit Sahne garnieren und mit Schokostreuseln bestreuen.

Backzeit: 20-25 Minuten
Backhitze: 200 °C

Eine unkomplizierte locker-leichte Torte.

Mein besonderer Tipp:

Selbst gemachte Erdbeerkonfitüre

(für 5 kleine Gläser)

800 g zerschnittene Erdbeeren • 400-500 g gemischte rote und schwarze Johannisbeeren Saft von 1 Zitrone • 500 g Gelierzucker 2:1 (evtl. Erdbeergelierzucker)

Rote und schwarze Johannisbeeren langsam aufkochen und durch ein Sieb drücken. Es soll 200 g Fruchtmark übrig bleiben. Mit frischen klein geschnittenen Erdbeeren und Gelierzucker vermischen und ca. 2 Stunden stehen lassen.
Nun alles nach Vorschrift zur Konfitüre kochen. Kurz vor Ende der Kochzeit den Zitronensaft unterrühren. Konfitüre heiß in sterile Gläser füllen.

Knusprige Aprikosentorte

Teig:
150 g Zucker
150 g Margarine oder Butter
175-200 g Mehl
½ TL Backpulver
2 EL Kakao

Füllung:
300 g Magerquark
1 EL Zitronensaft
2 EL Zucker
1 EL Aprikosenmarmelade
100 ml Milch
1 Pck. Gelatine
400 ml Sahne
2 Pck. Vanillezucker
2 Pck. Sahnesteif

Belag:
200 g Trockenaprikosen
2 EL Zitronensaft
2 EL Zucker
300 ml Wasser
½ Pck. Aprikosengötterspeise
2 EL Zucker

Aus Zucker, zerlassenem Fett, Mehl, Backpulver und Kakao einen ziemlich festen Streuselteig kneten und ganz große Streusel in eine 26 cm Ø Springform zupfen. Backen.
Magerquark mit Zitronensaft, Zucker und Marmelade verrühren. Die in reichlich Milch aufgelöste Gelatine gut unterrühren. Sahne mit Vanillezucker und Sahnesteif steif schlagen und mit dem Quark vorsichtig mischen. Auf den erkalteten Tortenboden streichen und fest werden lassen.
Trockenaprikosen mit Zitronensaft und Zucker einige Stunden vorher oder über Nacht gut einweichen (Trockenfrüchte vorher gut waschen.). Nun kochen, bis die Früchte weich sind und dann mit dem Mixstab pürieren.
Götterspeise mit 300 ml Wasser und Zucker zubereiten und mit dem Aprikosenpüree verrühren. Das Püree auf der festgewordenen Quarkschicht verstreichen.

Backzeit: 25-30 Minuten
Backhitze: 180 °C

Diese fruchtige Torte mit Knusperboden und sahniger Quarkcreme sieht sehr schön aus und schmeckt wunderbar.

Diplomatentorte „Hertel"

Teig:

125 g Margarine
100 g Zucker
3 Eier
100 g gemahlene Nüsse oder Mandeln
100 g Mehl
1 geh. TL Backpulver

Belag:

1 Dose Ananaswürfel
600 ml Schlagsahne
3 Pck. Sahnesteif
50 g Nusskrümel
30 g Schokoraspeln

Weiche Margarine mit Zucker gut verschlagen. Eier nach und nach unterschlagen. Gemahlene Nüsse unterrühren. Nun Mehl mit Backpulver gesiebt untermischen. Den Teig in einer 26 cm Ø Springform backen.
Die Ananaswürfel gut abtropfen lassen und noch feiner schneiden. Den Nussboden oben gerade schneiden und den abgeschnittenen Teig zerkrümeln. 400 ml Sahne mit 2 Pck. Sahnesteif steif schlagen und die Fruchtwürfel untermischen. Die Masse auf dem Nussboden verteilen. Die restliche Sahne mit Sahnesteif steif schlagen und einen doppelten Rand um die Torte spritzen. In die Tortenmitte Schokoraspeln oder Schokospäne mit den Teigkrümeln vermischt streuen.

Backzeit: 25-30 Minuten
Backhitze: 180-200 °C

Eine sahnig-saftige Festtagstorte.

Gefüllte Pfirsichtorte

Teig:

3 Eier • 2 EL heißes Wasser
150 g Zucker
75 g Mehl
75 g Speisestärke
1 TL Backpulver
50 g zerlassene abgekühlte Butter

Füllung:

1 Dose Pfirsiche
1 Pck. Aprikosengötterspeise
200 ml Pfirsichabtropfsaft
1-2 EL Zucker

Belag:

250 g Magerquark
2-3 EL Zucker
100 ml Abtropfsaft
1 Pck. Gelatine
200 ml Schlagsahne
1 Pck. Sahnesteif

Garnitur:

3 Pfirsichhälften
125 ml Saft oder Wasser
½ Pck. heller Tortenguss
1 EL Getränkepulver gelb oder rot

Eier mit Wasser und Zucker dickcremig schlagen. Mehl, Speisestärke und Backpulver gesiebt langsam unterschlagen, zuletzt die Butter unterziehen. Teig in einer Tortenform 26 cm Ø backen. Den Boden am nächsten Tag einmal quer durchschneiden.

Pfirsichhälften bis auf drei Hälften pürieren. Das in 200 ml Abtropfsaft aufgelöste Götterspeisepulve flott unterrühren. Zucker nach Geschmack zugeben. Sobald die Masse dicklich wird, auf dem unteren Boden verteilen. Den zweiten Boden darüber legen.

Quark mit Zucker verrühren und die in 100 ml Abtropfsaft aufgelöste Gelatine mit dem Quark vermischen. Sahne mit Sahnesteif steif schlagen und unter die Quarkmasse heben. Auf der Oberfläche verteilen.

Die restlichen Pfirsichhälften in kleine Würfel schneiden und auf die Creme streuen. Aus Wasser, Getränke- und Tortengusspulver einen Guss kochen und mit einem Teelöffel schwungvoll über die Fruchtwürfel und weiße Creme verteilen.

Backzeit: 25-30 Minuten
Backhitze: 180 °C

Ansehnliche fruchtig-cremige Torte, die am ersten Tag schon angeschnitten werden kann und sich einige Tage frisch hält.

Rätselhafte Hexentorte

Mürbeteig:

125 g Mehl • 1 Msp. Backpulver
50 g Margarine
50 g Zucker
1 Eigelb

Heller Biskuitteig:

3 Eier • 2 EL Wasser
125 g Zucker
100 g Mehl
50 g Speisestärke
½ TL Backpulver

Dunkler Biskuitteig:

3 Eier • 2 EL Wasser
125 g Zucker
100 g Mehl
30 g Speisestärke
½ TL Backpulver • 1 geh. EL Kakao

Füllung:

1 l Milch • 4-5 EL Zucker
2 Pck. Vanillepuddingpulver
250 g Butter
100 g feste Würfelmargarine
rosa und grüne Lebensmittelfarbe (je 1 Msp. Pulver in jeweils 1 TL Wasser auflösen)

Garnitur:

2-3 EL Aprikosenmarmelade
Schokoraspeln

Die angegebenen Zutaten zu einem festen Mürbeteig verkneten und in einer gut gefetteten, mit Mehl bestäubten Tortenform 26 cm Ø backen.
Für den Biskuit Eier mit Wasser schaumig und mit Zucker dickcremig schlagen, Mehl mit Speisestärke und Backpulver vermischt langsam unterschlagen. In eine Tortenform füllen und backen. Den dunklen Biskuitteig ebenso zubereiten, in eine zweite Tortenform füllen und backen.
Nach ein bis zwei Tagen die Biskuit-Tortenböden in der Mitte quer durchschneiden und füllen. Dafür aus Milch, Zucker und Puddingpulver einen Pudding kochen. Butter mit Margarine cremig schlagen und den handwarmen Pudding unterschlagen. Diese Creme in drei Teile teilen. Einen Teil mit Lebensmittelfarbe kräftig rosa färben, den zweiten Teil grün.
Den Mürbeteigboden auf eine Tortenplatte legen und mit der Hälfte der rosa Creme bestreichen, mit einem dunklen Biskuitboden bedecken. Darauf die Hälfte der grünen Creme streichen. Mit einem hellen Biskuitboden bedecken. Diesen mit der restlichen rosa Creme bestreichen, mit dem zweiten dunklen Boden bedecken. Mit dem Rest grüner Creme bestreichen und dann mit dem zweiten hellen Boden bedecken. Einen Tortenring um die Torte legen und 3 bis 4 Stunden oder über Nacht im Kühlschrank kühl stellen, bis die Creme fest ist.
Danach die Torte herausnehmen und mit einem scharfen spitzen Messer einen breiten Kegel aus der Torte schneiden. Dabei einen äußeren Rand von ca. 2 cm stehen lassen. Das Messer so handhaben, dass die Messerspitze immer in der Mit-

te der Torte ist und der untere Mürbeteigboden beim Schneiden unversehrt bleibt!
Den Kegel vorsichtig aus der Torte heben und umgedreht wieder in die Torte setzen, so dass der Kegelboden nach unten in die Tortenmitte gesetzt wird. Nun die Kegelspitze mit der flachen Hand in die Tortenmitte drücken, sodass wieder eine glatte Oberfläche entsteht, diese mit der Marmelade bestreichen. Mit dem dritten hellen Cremeteil die Torte vollständig einstreichen. Auch die Tortenoberfläche mit Creme bestreichen und nach Belieben mit Schokoraspeln garnieren.

Mürbeteigboden
Backzeit: 10-15 Minuten
Backhitze: 180 °C
Biskuitböden
Backzeit: 20-25 Minuten
Backhitze: 180 °C

Diese raffinierte Torte ist auf jeder Kaffeetafel ein Blickfang. Dabei ist die Zubereitung keine Hexerei!

 ***TIPP:***

Vor dem Füllen die Tortenböden, wenn nötig, oben glatt schneiden.
Die Tortenböden sind ganz frisch zu steif. Am besten etwas feucht stellen. Sie dürfen nicht zu fest sein, da lassen sie sich schlecht in Form drücken. Auf keinen Fall die Tortenböden austrocknen lassen, sonst brechen sie.

Aprikosen-Sand-Torte

Teig:
4 Eier
150 g Zucker
abgeriebene Schale von ½ Zitrone
75 g Butter
75 g Margarine
100 g Mehl
100 g Speisestärke
2 gestr. TL Backpulver

Füllung:
1 Pck. Vanillepuddingpulver
400 ml Milch
1 EL Zucker
75 g Butter
75 g Würfelmargarine
2 EL Aprikosenkonfitüre
1 Dose Aprikosen
400 ml Aprikosenabtropfsaft
1 Pck. Aprikosengötterspeise oder Gelatine etwas Zucker

Eier mit Zucker und Zitronenschale schaumig schlagen. Die ganz weiche Butter und Margarine cremig schlagen und mit Mehl-, Speisestärkeund Backpulvergemisch zu einer cremigen Masse schlagen. Nun nach und nach die Eiermasse unterschlagen. Diese feine cremige Masse in einer Tortenform 26 cm Ø backen. Nach zwei Tagen einmal quer durchschneiden.
Aus Puddingpulver, Milch und wenig Zucker einen Pudding kochen. Butter und Margarine cremig aufschlagen und den handwarmen Pudding langsam unterschlagen. Den Tortenboden mit der Creme füllen. Die Oberfläche dünn mit Aprikosenkonfitüre bestreichen, die gut abgetropften Früchte darauf verteilen.
Aus Abtropfsaft, Götterspeisepulver oder Gelatine und evtl. etwas Zucker einen Guss herstellen und kurz vor dem Erstarren über den Früchten verteilen.

Backzeit: 30-35 Minuten
Backhitze: 180 °C

Mango-Gelee-Torte

Teig:
2 Eier
75 g Zucker
75 g Mehl
25 g Speisestärke
1 TL Backpulver
1-2 TL abgeriebene Zitronenschale
1 Prise Salz
30 g Margarine

Fruchtgelee:
600 ml Saft
2 kleine Dosen Mango
1 ½ Pck. Aprikosengötterspeise
2-3 EL Zucker

Frischkäsecreme:
2 Eigelb
125 g Zucker
1 TL Zitronenschale
1 EL Zitronensaft
1 Pck. Gelatine
½ Pck. Aprikosengötterspeise
300 g Frischkäse
200 ml saure Sahne
400 ml Schlagsahne
2 Pck. Vanillezucker

Eier mit Zucker dickcremig schlagen. Mehl, Speisestärke, Zitronenschale, Salz und Backpulver allmählich unterschlagen. Die erkaltete noch flüssige Margarine unterziehen. In einer Tortenform 26 cm Ø backen.
Mangoabtropfsaft – wenn nötig – mit Wasser auf 600 ml auffüllen und erhitzen. Aprikosengötterspeise mit Zucker vermischen und in den ziemlich heißen Saft einrühren. Öfter umrühren. Etwas angedickt mit den in Würfel geschnittenen Mangoscheiben verrühren.
Den Tortenboden umdrehen und einen Tortenring umlegen. Nun die Mangomasse auf den Boden verteilen. Fest werden lassen.
Das Eigelb mit Zucker, Zitronenschale und -saft mit dem Schneebesen schaumig aufschlagen. Gelatine und Götterspeise in wenig Wasser völlig auflösen und untermischen. Nun Frischkäse und saure Sahne unterrühren. Die mit Vanillezucker steif geschlagene Sahne vorsichtig unterheben. 4-5 EL der Masse beiseite stellen für die Garnitur.
Den großen Rest der Creme über dem Mango-Gelee verteilen. Ganz glatt streichen. Mit der zurückbehaltenen Creme dicke Röschen auf jedes Tortenstück spritzen (12 oder 16).

Backzeit: 20-25 Minuten
Backhitze: 180 °C

Diese orangefarbene, sehr edel aussehende Torte überzeugt auch mit ihrem fruchtigen Geschmack.

Mandarinentorte „Susanne"

Teig:
175 g Mehl • 1 Msp. Backpulver
50 g Zucker • 1 Pck. Vanillezucker
1 Ei • 100 g Margarine

Belag:
1 Pck. Vanillepuddingpulver
50 g Zucker
500 ml Milch
300 g Schmand
2 Dosen Mandarinen
250 ml Mandarinenabtropfsaft
1 Pck. Tortenguss
evtl. Zucker

Aus den Zutaten einen Mürbeteig kneten und 1 Stunde kühl stellen. Dann nochmal durchkneten und 2/3 des Teiges auf einem Tortenblech ausrollen. Den Rest Teig zu einer Rolle formen und an den Springformrand drücken. Mit einer Gabel mehrmals einstechen.
Aus Milch, Zucker und Puddingpulver einen Pudding kochen und etwas abgekühlt den Schmand unterrühren. Auf dem Tortenboden verteilen und die Mandarinen darüber geben. Dann backen.
Aus Saft, Tortenguss und evtl. etwas Zucker einen Tortenguss herstellen und nach dem Erkalten über den Mandarinen verteilen.

Backzeit: ca. 60 Minuten
Backhitze: 180 °C

Feine, sehr cremige und leichte Torte.

Kiwi-Torte

Teig:
3 Eier • 125 g Zucker • 75 g Mehl
50 g Speisestärke • ½ Pck. Backpulver

Belag:
200 g Frischkäse • 6 EL Wasser
1 Pck. grüne Götterspeise
1 Pck. Sahnesteif • 400 ml Sahne
6-7 Kiwis • 1 Pck. heller Tortenguss,
250 ml Wasser • Zucker
1 EL Zitronensaft

Eier mit Zucker dickcremig schlagen. Mehl, Speisestärke und Backpulver vermischt unterschlagen. Teig in einer Springform (26 cm Ø) backen.
Frischkäse mit der im warmen Wasser aufgelösten Götterspeise glatt rühren. Die mit Sahnesteif steif geschlagene Sahne unterrühren. Die Masse auf den erkalteten Tortenboden streichen. Kiwis schälen, in Scheiben schneiden und darüber verteilen. Tortenguss nach Vorschrift herstellen, mit Zitronensaft würzen und dünn über die Torte geben.

Backzeit: 20 Minuten
Backhitze: 180 °C

Zitronencremetorte

Teig:
6 Eier
3 EL Wasser
250 g Zucker
175 g Mehl
100 g Speisestärke
1 TL Backpulver

Füllung:
2-3 EL Aprikosenmarmelade
300 ml Wasser
400 ml Weißwein
4-5 EL Zucker
abgeriebene Schale und Saft von 2 Zitronen
2 Pck. Vanillepuddingpulver
3 Eigelb
150 g Butter
150 g Würfelmargarine

Garnitur:
50 g Kuvertüre Bitterschokolade oder Vollmilch-Schokoraspeln

Eier mit Wasser und Zucker dickcremig schlagen. Mehl, Speisestärke und Backpulver kurz unterschlagen. In einer Tortenform 26 cm Ø backen. Nach zwei Tagen den Tortenboden zweimal quer durchschneiden. Die Unterseite dünn mit Aprikosenmarmelade bestreichen.

Für die Zitronencreme Wasser mit Wein, Zucker, Zitronensaft und -schale aufkochen. Puddingpulver und Eigelb mit etwas Wasser verquirlen und in die Wein-Zitronen-Mischung rühren. Kurz aufkochen. Butter und Margarine cremig schlagen und den handwarmen Pudding löffelweise unterschlagen.

1/3 dieser Zitronencreme über die Marmelade geben. Die zweite Teigplatte aufsetzen, das zweite Drittel der Creme aufstreichen. Nun die letzte Teigplatte darüber legen und mit dem Rest der Creme die Tortenoberfläche und den Tortenrand bestreichen. Auf den Seitenrand Schokoraspeln Tortenmitte mit Creme bestreichen. Einen Rand umspritzen und die Mitte mit feinen Schokolinien garnieren.

Backzeit: 40-45 Minuten
Backhitze: 180 °C

TIPP:
Anstelle von Wein kann man auch Apfelsaft verwenden.

Nusscremetorte

Teig:
6 Eier
200 g Zucker
150 g Mehl
100 g Speisestärke
1 TL Backpulver
50 g Butter

Füllung:
800 ml Milch
3-4 EL Zucker
2 Pck. Vanillepuddingpulver
2 TL Kakao
2 TL Kaffeepulver
250 g Butter
125 g feste Würfelmargarine
125 g feingemahlene Haselnüsse
½ Glas Aprikosenmarmelade
50 g grob geschnittene Walnüsse

Garnitur:
50 g Bitterschokolade
3 TL Hartfett
16 Haselnüsse

Eier mit Zucker dickcremig schlagen. Mehl, Speisestärke und Backpulver nur kurz unterschlagen. Zerlassene, erkaltete Butter langsam unterziehen. In einer Tortenform 26 cm Ø backen. Nach zwei Tagen den Boden zweimal quer durchschneiden. Aus Milch, Zucker und Puddingpulver einen Pudding kochen und mit Kakao und Kaffeepulver zu einer hellen bräunlichen Farbe vermischen. Butter und Margarine cremig schlagen und den handwarmen Pudding löffelweise unterschlagen. Davon 4-5 EL für die Tupfengarnitur beiseite stellen. Unter den großen Rest die in trockener Pfanne leicht gerösteten Haselnüsse rühren. Den untersten Boden mit der Hälfte der Aprikosenmarmelade bestreichen. Den zweiten Boden aufsetzen. Dann die Creme bis auf einen kleinen Rest darüber streichen und den dritten Boden darüber legen. Mit Aprikosenmarmelade bestreichen und dann den kleinen Rest Creme darauf streichen. Die Oberfläche nun mit den kurz gerösteten Walnüssen bestreuen.
Die Schokolade mit Hartfett schmelzen und in einen Gefrierbeutel geben. An einer Ecke mit einer Stopfnadel ein kleines Loch einstechen und dünne, auch ungleichmäßige Fäden über die Tortenoberfläche ziehen. Mit der aufgehobenen Creme 16 Tupfer auf den Tortenrand spritzen und mit den 16 Haselnüssen garnieren.

Backzeit: 45-50 Minuten
Backhitze: 180 °C

Das ist eine wunderbar stabile Torte, die man gut vorbereiten kann.

Apfel-Schoko-Torte

Teig:
6 Eier
200 g Zucker
125 g Mehl
100 g Speisestärke
30 g Kakao
1 TL Backpulver

1. Füllung:
500 g Apfelwürfel
150 ml Orangen- oder Apfelsaft
3 EL Zucker
2 EL Zitronensaft
abgeriebene Schale von ½ Zitrone
1 Pck. Vanillesoßenpulver

2. Füllung:
250 g Magerquark
2-3 EL Zucker
1 geh. EL Orangengetränkepulver
¾ Pck. Gelatine
4 EL Wasser
500 ml Schlagsahne
2 Pck. Vanillezucker
2 Pck. Sahnesteif
1 EL Aprikosenmarmelade
Schokoraspeln

Eier mit Zucker dickcremig schlagen. Mehl, Speisestärke, Backpulver und Kakao langsam unterschlagen. In einer Tortenform 26 cm Ø backen.
Nach zwei Tagen den Tortenboden zweimal quer durchschneiden.
Geschälte Äpfel in Würfel schneiden, mit Zitronensaft, Zucker, Vanillezucker, Zitronenschale und 100 ml Saft zu Kompott kochen. Mit 50 ml Saft und Soßenpulver verquirlt alles dick kochen. Abgekühlt auf den untersten Boden streichen. Den zweiten Boden darüber legen.
Quark mit Zucker und Orangengetränkepulver vermischen. Die in wenig Wasser aufgelöste Gelatine flott untermischen. Sahne mit Sahnesteif und Vanillezucker steif schlagen und unter den Quark heben. 2/3 davon auf den zweiten Boden streichen und den dritten Boden darüber legen. Rest Creme auf die Oberfläche und den Seitenrand streichen. Mit Kamm garnieren. 16 Cremetupfer auf die Oberfläche spritzen. Mit Lochtülle einen kleinen Klecks gelber Marmelade auf die Tupfen spritzen. Die Tortenmitte mit Schokoraspeln bestreuen.

Backzeit: 40-45 Minuten
Backhitze: 180 °C

Für eine besonders schöne Garnitur aus 200 ml Wasser, 1 Pck. Götterspeisepulver und 2 EL Zucker eine stabile Götterspeise herstellen und in ein flaches Gefäß füllen, z.B. eine Butterdose. Nach dem Erstarren in beliebig große Stücke schneiden und die Torte damit verzieren.

Mandarinentorte festliche Art

(für eine Springform 28 cm Ø)

Teig:
5 Eier
200 g Zucker
100 g Mehl
100 g Speisestärke
75 g Margarine
1 TL Backpulver

Füllung:
700 ml Orangensaft
2 EL Zucker
1 Eigelb
1 Pck. Vanillepuddingpulver
2 Pck. Vanillesoßenpulver
2 EL Orangengetränkepulver

Belag:
1-2 EL Aprikosenmarmelade
400 ml Milch
1 Pck. Vanillepuddingpulver
2 EL Zucker
125 g Butter
50 g feste Würfelmargarine
3 Dosen Mandarinen
Schokoraspeln

Eier mit Zucker dickcremig schlagen. Mehl, Speisestärke und Backpulver langsam unterschlagen. Die zerlassene, fast erkaltete Margarine unterheben. Am besten in einer Tortenform 28 cm Ø backen. Da kommt die Oberflächengestaltung besser zur Geltung. Nach zwei Tagen den Tortenboden quer durchschneiden.
300 ml Orangensaft mit Puddingpulver, Soßenpulver und Eigelb verquirlen und mit 400 ml Restsaft und Zucker einen Pudding kochen. Getränkepulver unterrühren. Bei Zimmertemperatur fast erkalten lassen.
Inzwischen den unteren Tortenboden dünn mit Aprikosenmarmelade bestreichen. Den Orangenpudding darauf streichen. Den zweiten Boden darüber legen und etwas andrücken.
Aus Milch, Zucker und Puddingpulver einen Pudding kochen. Butter und Margarine cremig schlagen und den handwarmen Pudding löffelweise unterschlagen. Mit 1/3 von dieser Creme die Tortenoberfläche und die Seiten einstreichen. Vom großen Rest zwei Reihen Cremetupfer um die Torte spritzen. Anschließend zwei Reihen Mandarinen um die Torte legen. Den Abschluss der Mandarinen bildet wieder ein Cremekranz. Die Tortenmitte, ca. 8 cm Ø, wird dick mit Schokoraspeln bestreut.

Backzeit: 30-35 Minuten
Backhitze: 180 °C

Diese feine Torte sieht nach Tagen noch aus wie am ersten Tag und ist auch geschmacklich bestens für Festtage geeignet.

Brombeer-Joghurt-Sahne-Torte

Teig:

3-4 Eier (ca. 200 g)
150 g Zucker
100 g Mehl
75 g Speisestärke
1 leicht geh. TL Backpulver
30 g zerlassene Margarine

Füllung und Belag:

750 g Brombeerkompott
(aus dem Glas oder frisch gekocht)
2 EL Zitronensaft
1 Pck. heller Tortenguss
1 Pck. Gelatine
150 g Joghurt
200 ml Schlagsahne
1 Pck. Sahnesteif
1 EL Staubzucker

Eier mit Zucker dickcremig schlagen. Mehl, Speisestärke und Backpulver langsam unterschlagen. Die zerlassene, fast erkaltete Margarine unterheben. In einer Tortenform 26 cm Ø backen. Nach zwei Tagen den Tortenboden zweimal quer durchschneiden.

Das Brombeerkompott mit Zitronensaft mischen, dann teilen. 350 g Brombeerkompott mit Tortenguss und evtl. etwas Zucker vermischt unter Rühren dickkochen. Etwas abgekühlt auf den unteren Boden streichen. Den zweiten Boden darüber decken.

Von den restlichen 400 g Brombeerkompott etwas Brombeersaft wegnehmen, erwärmen und Gelatine darin auflösen. Vor Gelierbeginn mit dem Joghurt vermischen. Das Brombeerkompott mit dem Pürierstab zerkleinern (evtl. noch durch ein Sieb streichen) und mit der Joghurtmasse vermischen. Bei Gelierbeginn die mit Sahnesteif und Staubzucker steif geschlagene Sahne unterziehen und alles auf die Oberfläche vom zweiten Tortenboden verteilen.

Backzeit: 30-35 Minuten
Backhitze: 180 °C

TIPP:

Für besondere Anlässe kann die Tortenoberfläche noch mit Sahne garniert werden.

Zebra-Torte

Teig:

5 Eigelb
250 g Zucker
125 ml handwarmes Wasser
250 ml Öl
½ Fläschchen Rum-Aroma
375 g Mehl
1 Pck. Backpulver
5 Eiweiß
2 EL Kakao

Guss:

1 Eiweiß
100 g Staubzucker
75-100 g Hartfett

Eigelb und Zucker cremig schlagen. Wasser, Öl und Rum-Aroma unterrühren. Mehl mit Backpulver vermischt nach und nach unterschlagen. Steif geschlagenes Eiweiß unterziehen. Die halbe Teigmenge mit Kakao färben. Nun 2 EL hellen Teig genau in die Mitte einer Springform (26 cm Ø) geben. Auf die Mitte des hellen Teiges 2 EL dunklen Teig geben. So lange wiederholen, bis der Teig aufgebraucht ist. Nicht glatt streichen. Backen.
Am nächsten Tag aus der Form nehmen. Das steif geschlagene Eiweiß mit Staubzucker verrühren und das nahezu erkaltete Hartfett unterrühren. Diesen weißen Guss auf die Torte geben.

Backzeit: 50-60 Minuten
Backhitze: 180-200 °C

Eine interessant aussehende, rührkuchenähnliche, saftige Torte.

TIPP:

Auch mit einem Schokoguss sieht die Torte sehr schön aus. Am besten nach dem Rezept für „Echten Thüringer Schokoladenguss" (siehe S. 13) herstellen.

Deftige Braten- und Geflügelgerichte

Geflügeltes

500 g Hähnchenflügel (TK)
grob gemahlener Chili (sparsam)
Salz • Pfeffer
1 TL Currypulver
1 EL Öl
1 mittelgroße Zwiebel
1 TL Thymian
3 Wacholderbeeren
1 Lorbeerblatt
150 ml Geflügelbrühe
(aus ½ TL Instantpulver)
3 EL Orangensaft

Aufgetaute Flügel waschen, trockentupfen und mit einem Gemisch aus Chili, Salz, Pfeffer, Currypulver und Öl einreiben. In eine ausgebutterte, feuerfeste Pfanne legen und zugedeckt bei 200 °C 15 bis 20 Minuten in der Röhre braten, bis ein brauner Bratfond entstanden ist. Zwischendurch die grob gewürfelte Zwiebel und den Thymian zugeben. Nun die Wacholderbeeren, Lorbeerblatt, Brühe und Orangensaft zufügen und zugedeckt ziemlich weich dünsten. Dann aufdecken und weiterbraten, bis die Flügel etwas Farbe annehmen. Evtl. mit etwas Butter bepinseln und mit Bratensaft beschöpfen.
Die würzigen Hähnchenflügel schmecken sehr gut mit Nudeln und Wirsinggemüse, aber auch mit Bratkartoffeln und Salat oder Petersilienkartoffeln und Gemüse.

Backzeit: 15-20 Minuten
Backhitze: 200 °C

Gefüllte Gänsebrust

1 Gänsebrust ca. 1 kg (TK)
1 TL Salz
½ EL Butter
750 ml Geflügelbrühe
(aus 1 TL Instantpulver)
1 TL Speisestärke
1-2 Stängel Beifuß

Füllung:
20 g Zwiebel
75 g Gänse- oder Putenleber
100 g Waldpilze oder Champignons
½ EL Butterschmalz
1 TL Majoran
Salz • Pfeffer
½ Semmel • Milch
1 kleines Ei

Die Gänsebrust auftauen, dann vorsichtig vom Knochen lösen. Die beiden Teile sollen aber noch zusammenhängen. Innen und außen mit Salz einreiben.
Für die Füllung die Zwiebel, Leber und Pilze ganz klein hacken und alles in Butterschmalz etwas anbraten. Mit etwas Salz, Pfeffer und Majoran würzen. Die in wenig Milch eingeweichte Semmel gut ausdrücken und mit dem Ei alles gut vermischen. Nun die Füllmasse auf das Fleischstück geben und zusammenklappen. Mit Sternzwirn straff umwickeln.
Die zerhackten Brustknochen in wenig Butter ringsum braun braten. Zwischendurch nach und nach die Brühe zugeben. Beifuß zufügen. Das Fleisch in einem Bräter zugedeckt im Ofen bei 200 °C ca. 2 Stunden schmoren, bis das Fleisch weich ist, ab und zu etwas Brühe angießen.
Die Soße passieren und mit Speisestärke binden. Das Fleisch noch etwas übergrillen und erkaltet in dicke Scheiben schneiden. Dazu schmecken Klöße, Wirsing oder Rotkraut. Hat man weniger Soße, dann sind Salzkartoffeln die bessere Beilage.

Backzeit: ca. 2 Stunden
Backhitze: 200 °C

Perlhuhn

1 Perlhuhn (1-1,2 kg)
1 geh. TL Salz
Pfeffer aus der Mühle
wenig Chilipulver
4 Wacholderbeeren
1 EL Öl
1 kleine Zwiebel
2 Knoblauchzehen
1 Lorbeerblatt
½ TL Thymian
75 ml Rotwein
250 ml Geflügelbrühe
(aus 1 TL Instantpulver)
50 g zerlassene Butter
1 TL Sirup oder Honig
½ TL Balsamicoessig
1-2 TL Speisestärke zum Binden der Soße

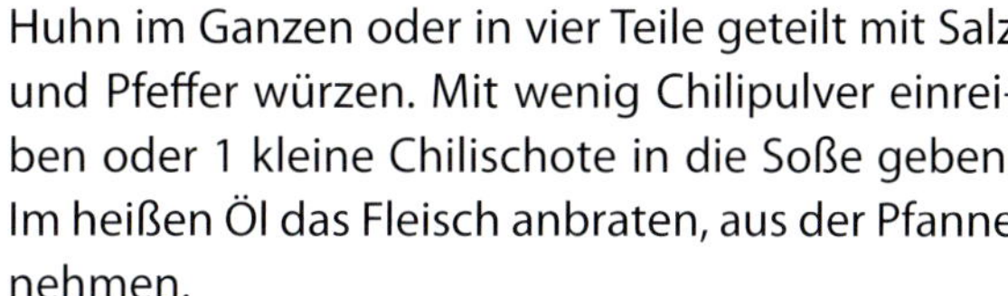

Huhn im Ganzen oder in vier Teile geteilt mit Salz und Pfeffer würzen. Mit wenig Chilipulver einreiben oder 1 kleine Chilischote in die Soße geben. Im heißen Öl das Fleisch anbraten, aus der Pfanne nehmen.
Zwiebel und Knoblauch im heißen Bratfett kurz anrösten. Alle Gewürze zugeben und mit Rotwein und Brühe ablöschen. Das Fleisch in die Soße legen und mit zerlassener Butter beschöpfen. Zugedeckt bei 175 °C im Ofen garen, bis das Fleisch weich ist.
Sirup oder Honig mit Balsamicoessig oder Zitronensaft verrühren und die Bratenstücke damit bepinseln. Aufgedeckt bei 100 bis 150 °C noch 5 bis 10 Minuten übergrillen. Die Bratensoße mit Speisestärke binden. Zum Perlhuhn schmecken Thüringer Klöße und Rotkraut oder Rosenkohl.

Backzeit: 90 Minuten
Backhitze: 175 °C
Backzeit: 10 Minuten
Backhitze: 100-150 °C

 ***TIPP:***
Perlhuhn ist sehr mager und sollte während des Bratens ab und zu mit Soßenfett beschöpft werden.

Perlhühner im Garten sind der Schrecken der gesamten Nachbarschaft. Sie verständigen sich untereinander mit lautem, schrillen Geschrei. Aber auf dem Teller werden sie sehr geliebt. Ihr Fleisch ist dunkel, zart und saftig.

Putenunterkeule auf Wildart

800-1000 g Putenunterkeule
1 TL Salz Pfeffer
2 TL Rosmarin
25 g Speckwürfel
25 g Butterschmalz
½ l Brühe (aus 1 TL Instantpulver)
1 Zwiebel
1 TL Tomatenmark
1 Tasse Rotwein
100 g Schmand
2 TL Thymian
4 Wacholderbeeren
1 Lorbeerblatt
2 Nelken
3 Pimentkörner
2 EL Trockenpilze

Die Keule abwaschen, abtrocknen und den Beinknochen aus dem Fleisch schälen. Die Sehnen herausziehen bzw. herausschneiden. Das Fleisch mit einer Mischung aus Salz, Pfeffer und Rosmarin (oder 2 Stängel Rosmarin) innen und außen einreiben. Speck und Butterschmalz erhitzen und die Putenrolle ringsum zur Farbe anbraten. Mit etwas Brühe ablöschen, die grob gewürfelte Zwiebel zugeben und nicht zu dunkel mitbraten. Tomatenmark einrühren, den Rotwein angießen und den Schmand einrühren. Kurz braten und nun die Brühe zugeben. Alle Gewürze zufügen und die abgewaschenen, über Nacht in wenig Wasser eingeweichten Trockenpilze in die Pfanne geben. Zugedeckt in der Röhre garen.
Zwischendurch das Fleisch mit Soße beschöpfen und nach Bedarf noch etwas Wasser oder Brühe zugeben.
Dazu gibt es Klöße mit Rosenkohl. Rosenkohl mit etwas Brühe und Salz 10 bis 15 Minuten kochen. Gut abgetropft mit etwas Brühe, Salz, Pfeffer und Muskat abschmecken. Dann den Kohl in etwas brauner Butter schwenken. Oder alternativ mit Bauchspeckwürfeln anrichten.

Backzeit: 50-60 Minuten
Backhitze: 200 °C

 ***TIPP:***
Wird der zerhackte Knochen der Putenunterkeule in Öl, etwas Salz und Knoblauch kurz angebraten, mit Wasser aufgefüllt und eine Stunde geköchelt, hat man zusätzlich noch etwas Brühe zum Nachgießen.

Kaninchenbraten

(für 2-3 Personen)

1 Kaninchen (Rücken • Keulen)
Buttermilch
Speck zum Spicken
Salz • Pfeffer
2 TL Senf • 3 EL Öl
20 g Speck
50 g Möhre
1 Zwiebel
20 g Sellerie
½ l Brühe (aus 1 TL Instantpulver)
1 Tasse Bier
100 g Schmand
1 TL Pfefferkörner
4 Wacholderbeeren
1 Lorbeerblatt
1-2 Knoblauchzehen
1-2 TL Speisestärke

Die Fleischstücke aus der Packung nehmen, kalt abspülen, trocken tupfen und über Nacht in Buttermilch einlegen. Am nächsten Tag abtrocknen, die pergamentartige Haut vom Rücken entfernen und evtl. mit Speck spicken. Mit Salz und Pfeffer einreiben und mit Senf bestreichen. Im heißen Speck-Öl-Gemisch beidseitig gut anbraten.
Möhren-, Zwiebel- und Selleriewürfel zugeben und mitbraten. Aus der Pfanne nehmen und den Bratfond mit etwas Brühe und Bier ablöschen. Nun 3/4 vom Schmand einrühren und kurz mitbraten. Rest Brühe und die Gewürze zugeben. Das Fleisch in die Pfanne geben und mit dem Rest Schmand die obere Fleischseite bestreichen. So viel heißes Wasser angießen, dass das Fleisch zur Hälfte bedeckt ist. Zugedeckt in der Röhre 60 bis 90 Minuten bei 180 bis 200 °C garen. Ohne Deckel dann weitere 15 bis 20 Minuten garen. Dabei öfter mit Bratensaft beschöpfen. In der Röhre abkühlen lassen. Die Soße durch ein Sieb geben und mit Speisestärke binden. Dazu Rotkraut und Thüringer Klöße servieren.

Backzeit: zugedeckt 60-90 Minuten;
weitere 15-20 Minuten ohne Deckel
Backhitze: 180-200 °C

TIPP:

Die im Handel angebotenen Kaninchenstücke in der Packung sind oft kraftlos und haben kaum Eigengeschmack. Sie brauchen reichlich Würze.

Zwiebelbraten

1 Beinscheibe (500 g)
Salz • Pfeffer
2 EL Öl
1 Zwiebel
1 EL Tomatenmark
100 ml Rotwein
300 ml Brühe
1 Lorbeerblatt
½ TL Senf
1 TL Schmand oder saure Sahne
4-5 Zwiebeln

Beinscheibe kurz abspülen, trocknen und mit Salz und Pfeffer würzen. Das Fleisch in 1 EL heißem Öl mit den Zwiebelwürfeln braun braten. Tomatenmark einrühren, dann mit Rotwein ablöschen. Etwas von der Brühe und Lorbeerblatt zugeben. Das Fleisch mit Sahne-Senf-Gemisch dünn bestreichen. Zugedeckt in der Röhre garen.
Öfter mit Soße beschöpfen und den Rest Brühe zwischendurch zugeben. Aufgedeckt noch ca. 15 Minuten braten.
Zwiebelringe in wenig Öl langsam zur Farbe anrösten. Das Fleisch vom Knochen lösen, in grobe Stücke schneiden, auf eine Platte legen, mit den Zwiebelringen abdecken und mit zerlassener Butter beträufeln. In der Röhre warm stellen und die knappe Soße mit etwas Stärke binden.

Backzeit: zugedeckt 60-70 Minuten;
weitere 15 Minuten ohne Deckel
Backhitze: 180 °C

Ein richtiges kleines Schmankerl, dessen Zubereitung lohnt.

 ***TIPP:***
Bestreicht man die Oberfläche vom Fleisch mit Sahne, Schmand, Senf oder einem Schmand-Senf-Gemisch, verhindert man das Austrocknen des Fleisches, es bleibt saftig.

Gerscher Räuberteller

400 g Schweinelende
4 kleine Wiener Würstchen
100 g Bacon oder dünner Schinkenspeck
1-2 EL Öl
4 Eier
Salz • Pfeffer
Paprikapulver

Die Lende in 4 bis 6 Scheiben schneiden, dünne Speckscheiben evtl. noch einmal durchschneiden Die Wiener in Stücke schneiden und an den Enden kreuzweise einschneiden. Alles zusammen in einer Pfanne mit Öl braten. Auf vier Teller verteilen und je ein Spiegelei mit Salz, Pfeffer und Paprikapulver gewürzt etwas schräg darauf anrichten, so dass vom Fleisch noch etwas zu sehen ist. Dazu schmecken Pommes frites oder Bratkartoffeln.

TIPP:

Auch Rosmarinkartoffeln passen gut zum Räuberteller. Dafür 8-10 Kartoffeln schälen und 10 Minuten kochen. Dann halbieren oder vierteln, mit Öl, Salz, Rosmarin und ganz fein gewürfeltem Knoblauch vermischen und auf ein kleines gefettetes Blech legen. 10 bis 15 Minuten bei 180 °C in der Röhre weich garen.

Eiernester

250 g gewürztes Gehacktes
½ Zwiebel, feingehackt
je 1 TL Senf und Tomatenmark
1 Knoblauchzehe, feingehackt
2 Eier
Butter
Paprikapulver

Gehacktes mit Zwiebel, Knoblauch, Senf und Tomatenmark vermischen. Zwei ovale Klopse formen und in der Mitte eindrücken, so dass ringsum ein Rand entsteht. In eine backofenfeste gebutterte Bratpfanne setzen und in jeden Klops ein Ei hineinschlagen. Mit Paprika bestreuen. In der Röhre überbacken, bis die Eier gestockt sind.

Backzeit: 25-30 Minuten
Backhitze: 180 °C

Dazu schmecken Kartoffelsalat oder Kartoffel-Sellerie-Stampf (siehe S. 97).

Teufelsrippchen

1 kg Rippchen
(keine Fleischrippchen)
1 Zwiebel

Würzpaste:
1 leicht gehäufter TL Salz
Pfeffer und Chili aus der Mühle
je 2 TL Senf, Honig und Worcestersoße
je 2 TL Paprika- und Currypulver
1 TL grober Kümmel
1 Spritzer Tabasco • 1 EL Öl

Alle Zutaten für die Würzpaste gut miteinander verrühren. Mit dieser Paste die Rippchen einpinseln und über Nacht kühl stellen. In einer mit Öl ausgepinselten Stielpfanne die Rippchen nacheinander anbraten. Dann in eine feuerfeste Bratpfanne umheben. Eine kleine Tasse Wasser angießen und zugedeckt in die 200 °C heiße Röhre schieben. Nach 20 Minuten Temperatur auf 180 °C herunterdrehen und weitere 50 bis 60 Minuten garen, bis sie weich sind.
Zwischendurch die grob gewürfelte Zwiebel und evtl. noch etwas heißes Wasser angießen. Die Rippchen sollen kräftig rotbraun aussehen und in knappem Bratfond liegen.
Dazu schmeckt ein sparsam gewürzter Kartoffelsalat, der mit reichlich Gewürzgurken- und Tomatenwürfeln vermischt wird. Die knappe, würzige Soße, die während des Garens entstanden ist, über den Kartoffelsalat verteilen.

1. Backzeit: 20 Minuten
Backhitze: 200 °C
2. Backzeit: 50-60 Minuten
Backhitze: 180 °C

TIPP:
Übrig gebliebene Rippchen schmecken kurz erwärmt sehr gut zu Butterbrot.

Echte Jägerschnitzel

(für 2 Personen)

2 Schnitzel (á 100 g)
Salz • Pfeffer • Mehl
1 kleines Ei
Semmelmehl • 2 EL Öl

Für die Soße:
20 g Bauchspeck • 1-2 TL Butter
1 Zwiebel
200 g geputzte Waldpilze oder Champignons
½ EL Mehl
300 ml Brühe (aus 1 TL Instantpulver)
½ TL Senf • ½ TL Salz
50 ml Sahne
1 Spritzer Zitronensaft

Bauchspeckwürfel in 1-2 TL Butter glasig braten. Zwiebelwürfel und klein geschnittene Pilze mitbraten, bis die Flüssigkeit eingekocht ist und die Pilze glänzen. Mehl darüber stäuben und mit Brühe ablöschen. Sahne, Senf, Salz und Pfeffer verquirlen und zu den Pilzen geben. Mit Salz, Pfeffer und Zitronensaft würzig abschmecken und etwas einköcheln.
Schnitzel mit Salz und Pfeffer würzen, in Mehl wenden, durch verschlagenes Ei ziehen und in Semmelmehl wenden. Im heißen Öl beidseitig wenige Minuten braten. Mit der Pilzsoße zu Kartoffeln oder Bratkartoffeln und Blattsalat servieren.

TIPP:
Am knusprigsten sind die Schnitzel, wenn sie zuletzt gebraten und gleich aufgetragen werden. Unpanierte Schnitzel sind auch möglich.

Jägerschnitzel wurden eigentlich aus der Not geboren, wenn Fleisch knapp war. Statt Schnitzelfleisch wurden Hackbraten- oder Bierschinkenscheiben paniert. Aber auch das hat geschmeckt.

Würzfleisch

(für 2 Personen)

300 ml Brühe
(aus 1 TL Instantpulver)
2 TL Butter oder Öl
2 geh. TL Mehl
1 Lorbeerblatt
3 Pimentkörner
1 Zwiebel
2 Wacholderbeeren
1 TL Worcestersoße
300 g Kalbs-, Geflügel- oder
Schweineschnitzel
Salz • Pfeffer
75-100 g würziger Reibekäse

Die Fleischscheiben in die kochende Brühe geben. Mit Zwiebel, Wacholderbeeren, Pimentkörnern, Lorbeerblatt und etwas Salz weich köcheln. Fleisch herausnehmen. Butter oder Öl in einer kleinen Pfanne erhitzen und mit dem Mehl goldgelb schwitzen. Brühe zugeben und alles zu einer sämig-dicklichen Soße verkochen. Mit Salz, Pfeffer und Worcestersoße abschmecken. Das Fleisch in kleine Würfel schneiden und mit der Soße vermischen. Mit Salz und Pfeffer abschmecken. In eine passende Auflaufform geben und dick mit Reibekäse bestreuen. Butterflöckchen aufsetzen und auf der obersten Schiene in der Röhre überbacken.
Am Tisch die Oberfläche mit Zitronensaft und Worcestersoße nach Geschmack beträufeln. Dazu schmeckt dicker Reis.

Backzeit: 15-20 Minuten
Backhitze: 180 °C

 ***TIPP:***
Als kleines Abendbrot für 3 Personen das Würzfleisch in kleinen feuerfesten Förmchen backen und mit Toastbrot servieren.

Schmorrippchen mit Kraut

500 g Rippchen
Salz • Kümmel • Pfeffer
Majoran • Knoblauchsalz
1 Zwiebel • 1 EL Öl
½ EL Tomatenmark
200 g Sauerkraut

Rippchen in ca. 6 bis 7 cm große Stücke hacken und mit Salz, Pfeffer, Kümmel, Majoran und Knoblauchsalz einreiben. Im heißen Öl mit Zwiebelwürfeln scharf anbraten. Tomatenmark einrühren. Grob geschnittenes Sauerkraut darüber geben und alles im eigenen Saft zugedeckt 60 Minuten bei 180 °C in der Röhre weich garen.
Dazu schmecken Kartoffelpüree oder Salzkartoffeln.

Backzeit: 60 Minuten
Backhitze: 180 °C

Hackbraten mit Spiegelei

(für 2 Personen)

2 große Zwiebeln • ½ EL Öl
2 dicke Scheiben Hackbraten
2 Eier • 1 TL Butter
Salz • Pfeffer
Schnittlauchröllchen

Zwiebelringe in heißem Öl langsam hellbraun rösten. Herausnehmen und die Hackbratenscheiben kurz im Zwiebelfett beidseitig braun braten (außen knusprig, innen saftig). Spiegeleier mit Salz und Pfeffer gewürzt in wenig Butter langsam braten und auf die Hackscheiben legen. Zwiebelringe darüber verteilen und mit Schnittlauchröllchen bestreuen.
Dazu Bratkartoffeln oder Kartoffelsalat, Gurken-Bohnen-Salat und Salzkartoffeln oder auch nur eine Scheibe Brot als Abendessen.

Pikantes mit Gemüse & Ei

Flammkuchen

Teig:
175 g Dinkelmehl
½ Pck. Trockenhefe
100 ml warmes Wasser
1 EL Öl
1 Prise Salz
1 Prise Zucker

Belag:
1 große Zwiebel
125 g Bauchspeck
1 Ei
150 ml saure Sahne (10% Fett)
Salz • Pfeffer • Kümmel

Mehl mit Trockenhefe vermischen und mit den übrigen Zutaten zu einem Teig verkneten. 30 Minuten gehen lassen. Ist der Teig schön locker, dann ganz dünn in eine Springform (26 oder 28 cm Ø) ausrollen, auch einen Rand andrücken. Teig mit einer Gabel mehrmals einstechen und weitere 10 bis 15 Minuten gehen lassen.
Nun die zimmerwarme saure Sahne sparsam mit Salz und Pfeffer würzen und mit dem Ei verquirlen. Alles auf den Teigboden streichen. Die fein geschnittenen halbierten Zwiebelringe in wenig Butter glasig rösten und mit den Speckwürfelchen über der Sahne verteilen. Mit Kümmel bestreuen und backen. Dazu schmeckt ein frischer Blattsalat.

Backzeit: 30-35 Minuten, mittlere Schiene
Backhitze: 200 °C

 ***TIPP:***
Den Teig ganz dünn ausrollen! Es sieht schön aus und schmeckt prima, wenn der Flammkuchen mit frischen kleinen Tomatenwürfeln bestreut wird.

Kartoffelkloß-Tarte

(für 2-3 Personen)

½ Pck. Kloßteig Thüringer Art (375 g)
150 g Bratwurst oder Knackwurst, in dünne Scheiben geschnitten
100 g Tomatenscheiben
100 g Schmand oder saure Sahne (10 % Fett)
1 Ei • 75-100 g Reibekäse
1 EL Schnittlauchröllchen

Eine Springform (26 cm Ø) mit Öl einpinseln und den durchgekneteten Kloßteig in die Form drücken. Bauernbratwurst- oder Knackwurstscheiben mit dünnen Tomatenscheiben darüber legen. Das Ei mit saurer Sahne verquirlen, über die Tomaten streichen und mit Reibekäse bestreuen. Backen. Vor dem Servieren mit Schnittlauchröllchen bestreuen und einen Blattsalat dazu reichen.

Backzeit: 35-40 Minuten
Backhitze: 180 °C

Eine schnelle, sättigende Mahlzeit.

Röstkartoffelpfanne

(für 2 Personen)

2 gekochte, in Scheiben geschnittene Kartoffeln
2-3 TL Öl
1 Paprikaschote
100 g Knackwurst
2 Eier • 100 ml Milch
50 g Reibekäse
Salz • Pfeffer
2 EL Schnittlauchröllchen

Kartoffelscheiben in wenig heißem Öl nebeneinander in eine Pfanne legen und braten. In einer zweiten Pfanne Zwiebelwürfel in wenig Öl kurz anschwitzen und die Paprikawürfel mit den Knackwurstscheiben bei nicht zu starker Hitze noch etwas mitbraten. Nun die Kartoffelscheiben umdrehen und das Paprikagemisch darüber verteilen. Milch mit Eiern und Reibekäse verquirlen und sparsam mit Salz und Pfeffer würzen. Alles bei schwacher Hitze stocken lassen und vor dem Verzehr mit Schnittlauchröllchen bestreuen. Dazu schmeckt ein Rapunzel- oder Tomatensalat.

Pilzkartoffeln

300 g gekochte Kartoffeln
1 EL Öl
400 g Waldpilze oder braune Champignons
Salz • Pfeffer • Kümmel
20 g Speck
1 große Zwiebel
1 EL Butter
1 EL Schnittlauchröllchen

Gekochte Kartoffeln in Stücke schneiden und im heißen Öl braten, mit Salz und Kümmel würzen. In Scheiben geschnittene Waldpilze mit Speck- und Zwiebelwürfeln in Butter braten, bis die Flüssigkeit weg ist. Mit Salz und Pfeffer würzen und mit den Kartoffeln vermischen. Mit Schnittlauchröllchen bestreuen.

Ein schnelles und schmackhaftes Sommergericht für die ersten selbst gesammelten Maronen und Steinpilze der Saison.

Pilz-Porree-Nudelpfanne

100 g Nudeln
250-300 g Waldpilze oder Champignons
1 große Zwiebel
30 g Bauchspeck
1 Stange Porree (150 g)
1 EL Butter • 50 ml Brühe (aus ½ TL Pulver)
evtl. Salz • Pfeffer

Nudeln in reichlich Salzwasser garen. Die geschnittenen Pilze mit den feinen Speck- und Zwiebelwürfeln in der heißen Butter braten, bis die Pilze glänzen. Porreestreifen in 50 ml Wasser in 5 bis 10 Minuten weich dünsten. Porree und Nudeln gut abtropfen lassen. Dann Pilze, Porree, Nudeln und Brühe vermischen. Evtl. noch mit Salz und Pfeffer abschmecken.

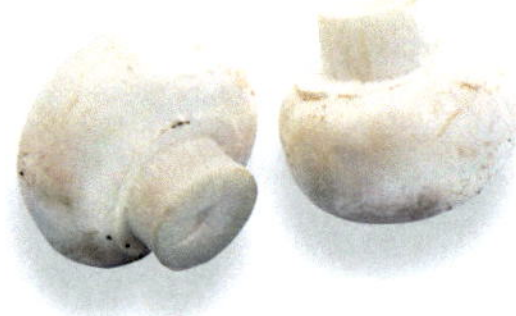

Spitzkohl mit Lachs

1 Pck. Lachs (= 2 Stück à 150 g)
½ Spitzkohl (250 g in Streifen geschnitten)
1 Zwiebel • 1 EL Öl
150 ml Gemüsebrühe
50 ml Schlagsahne
1 geh. TL Semmelmehl
Salz • Pfeffer
20 g braune Butter

Die äußeren Blätter vom Spitzkohl und den Strunk entfernen. Zwiebelwürfel im heißen Öl andünsten und die Spitzkohlstreifen unterrühren. Mit Brühe auffüllen und ca. 5 Minuten garen. Alles in eine Auflaufform füllen. Lachs sparsam mit Salz und Pfeffer würzen und auf den Kohl legen. Semmelmehl mit Sahne verquirlen und über den Lachs streichen. Überbacken.
Vor dem Auftragen mit brauner Butter beträufeln. Dazu Salzkartoffeln oder Kartoffel-Sellerie-Stampf als Beilage.

Backzeit: 25-30 Minuten
Backhitze: 180 °C

 ***TIPP:***
Reste von angeschnittenem Spitzkohl halten sich im Kühlschrank 2 bis 3 Wochen frisch.

Kartoffel-Sellerie-Stampf mit gebratenen Zwiebeln

300 g Kartoffeln
200 g Sellerie
½ bis 1 Tasse Milch
1 geh. EL Schmand
Salz • Muskat • Pfeffer
1 große Zwiebel • 1 EL Butter

Kartoffel- und Selleriewürfel im Dämpfeinsatz weich dämpfen, Wasser abgießen und die trockene Masse mit Milch und Schmand mit einem Kartoffelstampfer untereinander stampfen. Sparsam würzen. Zwiebelringe in Butter langsam zur Farbe anrösten und auf dem Stampf anrichten.

Blumenkohl mit Hackfleischsoße

(für 2-3 Personen)

2-3 Kartoffeln
Milch • Salz • Muskat
400 g Blumenkohlröschen
250-300 g gewürztes Gehacktes
1 EL Öl
1 große Zwiebel
1 geh. TL Mehl
150-200 ml Brühe

Große Kartoffelwürfel in wenig Wasser weich dünsten. Abgießen und mit wenig Milch, Salz und Muskat zu einem dicken Brei zerstampfen. Alles in einer gut gefetteten Auflaufform verteilen. Blumenkohlröschen in wenig leichtem Salzwasser kurz kochen, beiseite ziehen und noch wenige Minuten weich dämpfen. Abgießen und gut abgetropft auf dem Kartoffelstampf verteilen. Gewürztes Gehacktes mit Zwiebelwürfeln im heißen Öl krümelig braten. Mehl darüber stäuben und mit der Brühe verrühren. Etwas einköcheln lassen. Dann die Hackfleischsoße über dem Blumenkohl verteilen und in der Röhre überbacken.

Backzeit: 15 Minuten
Backhitze: 200 °C

Ein echtes altes Thüringer Gericht. Blumenkohlröschen auf zartem Kartoffelpüree mit würziger Hackfleischsoße beschöpft, schmeckt auch denen, die eigentlich keinen Blumenkohl mögen.

Kürbistopf

50-75 g Räucherbauch
1 Zwiebel
1 Porreestange
je 250 g Kürbis- und Kartoffelwürfel
300-400 ml Brühe
Salz • Pfeffer • Essig
1 EL Schmand • ½ TL Zucker
3 Wiener Würstchen

Zwiebel- und Speckwürfel glasig dünsten. Den in Streifen geschnittenen Porree und das übrige Gemüse zu den Zwiebeln geben und etwas mitdünsten. Die Brühe zugießen und alles ca. 25 Minuten weich garen. Dann die Hälfte der Suppe pürieren oder durch ein Sieb passieren. Rest Suppe wieder zufügen und alles mit Salz, Pfeffer, Zucker und wenig Essig süß-säuerlich abschmecken. Mit Schmand verfeinern und die in Scheiben geschnittenen Würstchen im Kürbistopf erwärmen.

Paprikagericht

(für 2-3 Personen)

150 g Bauernbratwurst oder Knackwurst
2 TL Öl • 1 große Zwiebel
3 bunte Paprikaschoten
½ Tasse Brühe
Salz • Pfeffer

Knackwurstscheiben im heißen Öl kurz anbraten, Zwiebelscheiben und Paprikastücke zugeben und unter Rühren etwas braten, bis die Zwiebeln glasig sind. Brühe zugießen und noch kurz aufdämpfen. Mit Salz und Pfeffer abschmecken.
Dazu schmecken Kartoffeln, dicker Reis oder Kartoffelpüree.

Buntes Reisgericht

(für 2 Personen)

100 g Reis
150 ml Gemüsebrühe
(aus ½ TL Instantpulver)
2 mittelgroße Möhren
2 EL gefrostete Erbsen
½ gelbe Paprikaschote
1 EL braune Butter

Reis zwei Mal waschen und abgießen. Mit Brühe langsam weich köcheln. Möhrenscheiben in wenig Wasser ziemlich weich köcheln, gefrostete, heiß abgespülte Erbsen mit kleinen Paprikawürfeln zugeben und alles noch wenige Minuten köcheln lassen. Den gar gekochten Reis untermischen. Braune Butter untermischen.

Geht schnell und schmeckt auch gut ohne Fleisch!

Verlorene Eier in würziger Soße

1 ½ l Wasser
3 EL Essig • 1 EL Salz
5-6 frische Eier

Soße:
1 EL Mehl • 1 EL Öl
400 ml Milch
2-3 TL Senf
3 TL Worcestersoße
½ TL Salz Pfeffer
1 EL braune Butter
1 EL gehackte Petersilie

Wasser mit Essig und Salz aufkochen, beiseite stellen und die Eier einzeln und vorsichtig über einer Tasse in das Essigwasser gleiten lassen. Eiweiß und Eigelb sollen möglichst zusammenbleiben. Wieder auf die heiße Herdplatte stellen und ca. 5 bis 10 Minuten ziehen lassen, so lange, dass das Eigelb noch nicht ganz fest ist.
Mehl im heißen Öl verrühren, nach und nach die kalte Milch zugießen, dabei immer erst alles aufkochen, bevor wieder nachgegossen wird. Salz, Pfeffer, Senf und Worcestersoße einrühren. Die braune Butter darüber geben und mit Petersilie bestreuen.
Zu diesem uralten Gericht gab es immer Salzkartoffeln und Gartensalat.

Mein besonderer Tipp:

Leichte Remouladensoße

100 g Crème fraîche oder Schmand • 50 g Mayonnaise • 50 g saure Sahne (10%)
½ TL Senf • 2 Sardellen • 1 kleine Gewürzgurke • 1 hart gekochtes Ei • 2 Kapern
1 TL Petersilie • Salz • Pfeffer • Zucker

Crème fraîche mit Mayonnaise, Senf und saurer Sahne vermischen. Fein gehackte Sardellen und fein gehackte Kapern mit ganz fein gehacktem Eigelb vermischen. Kleine Gurken- und Eiweißwürfel untermischen. Mit Salz, Pfeffer und etwas Zucker abschmecken. Evtl. noch mit etwas Gurkenwasser oder Milch verrühren.

Schmeckt zu gebratenem Fisch jeder Art.

Buntes Kräuter-Rührei

(für 2-3 Personen)

1 Zwiebel • 1 EL Öl
1 rote Paprikaschote
1 Knoblauchzehe
4-6 Eier
150 ml Naturjoghurt
Salz • Pfeffer • Muskat
1 EL gehackte Petersilie
50 g Fetakäse
50 g dünne Bauchspeckscheiben z.B. Bacon
Schnittlauchröllchen

Zwiebelwürfel in heißem Öl kurz anrösten. Paprikawürfel und klein gehackten Knoblauch zugeben und alles in 6 bis 8 Minuten langsam ziemlich weich dünsten.
Eier, Joghurt, wenig Salz, Muskat und Pfeffer mit gehackter Petersilie verquirlen und den zerkrümelten Fetakäse unterrühren. Diese Mischung über das Paprikagemisch gießen. In einer breiten Pfanne alles stocken lassen. Auf zwei oder drei Tellern auf eine gebutterte Scheibe Brot geben. Mit dünnen gebratenen Speckscheiben und mit Schnittlauchröllchen garnieren.
Zu diesem deftigen Eiergericht gibt es bei mir einen lieblichen Rapunzelsalat.

Mein besonderer Tipp:

Echte Mayonnaise nach Hausfrauenart

2 Eigelb • Salz • Pfeffer • 1 TL Senf • 2 TL Essig oder Zitronensaft • 200-250 ml Öl

Eigelb mit Salz, Pfeffer und Senf im Mixer oder mit dem Pürierstab mixen. Essig oder Zitronensaft untermixen. Das Öl nur tropfenweise zugeben und zu einer cremigen Masse mixen. Alles muss die gleiche Temperatur haben, sonst gerinnt die Mayonnaise. Sollte es trotzdem passieren, rasch 1 bis 2 EL heißes Wasser untermixen.

Suppen & Salate

Kerstins Hackfleischzupfsuppe mit Gemüse und Nudeln

1 l Wasser • 1 TL Salz
1 kleines Lorbeerblatt
1 große Knoblauchzehe
1 Zwiebel
350 g Gehacktes
gerebeltes Selleriekraut
200 g Möhren
100 g Kohlrabi
100 g Sellerie
25 g Butter
100 g Sternchen- oder Fadennudeln
¼ TL Salz
½ TL Brühpulver
50 g braune Butter
1 EL gehackte Petersilie

Wasser mit Salz, Lorbeerblatt, Knoblauch- und Zwiebelwürfeln zum Kochen bringen.
Das Hackfleisch in kleine Stücke gezupft in die kochende Brühe geben. Selleriekraut zugeben. Alles kurz aufkochen lassen, dann langsam auf kleiner Flamme 15 bis 20 Minuten köcheln lassen. Topf beiseiteschieben, Suppe ziehen lassen.
Kohlrabistifte, Möhren- und Selleriewürfel in wenig Butter und etwas heißem Wasser bei mäßiger Hitze dünsten, etwa 20 bis 25 Minuten.
Die Nudeln in Salzwasser mit Brühpulver ca. 10 Minuten kochen, dann abgießen, gut abtropfen lassen. Hackfleischbrühe mit dem Gemüse und den Fadennudeln vermischen. Mit gehackter Petersilie und brauner Butter verfeinern.

Eine wunderbar sättigende Suppe.

Lebernockensuppe

1 Möhre
1 l Brühe (aus 2-3 TL Instantpulver)
1 kleine Stange Porree
3 EL Erbsen (TK)
Schnittlauchröllchen

Lebernocken:
1 Semmelkopf
2-3 EL heiße Milch
1 Ei • ½ Zwiebel
1 TL Butter
1 EL gehackte Petersilie
20 g Bauchspeck
100 g Schweine- oder Rindsleber
1-2 EL Semmelmehl
Salz • Pfeffer • Muskat

Für die Lebernocken den Semmelkopf ganz klein schneiden und mit heißer Milch etwas aufweichen lassen. Nun das Ei untermischen. Fein gewürfelte Zwiebel in etwas Butter braten und mit der gehackten Petersilie zugeben. Ganz klein gewürfelten Bauchspeck und ganz fein gehackte Leber zur Masse geben und evtl. mit etwas Semmelmehl gut binden. Mit Salz, Pfeffer und Muskat würzen.
Möhrenscheiben in die heiße Brühe geben und ziemlich weich kochen. Porreeringe zugeben. Nocken mit einem Löffel vom Fleischteig abstechen und mit in die kochende Brühe geben. Nicht mehr kochen lassen, sonst zerfallen die Nocken! Nun die heiß abgespülten Erbsen zugeben und alles ca. 30 Minuten durchziehen lassen. Vor dem Servieren mit Schnittlauchröllchen bestreuen.

Eine wunderbare Suppe, die durch die Anreicherung mit Gemüse auch sehr sättigend ist.

Wirsing-Pilz-Topf

(für 3-4 Personen)

300 g Waldpilze oder Champignons
1 große Zwiebel • 1 EL Öl
250 g gewürztes Gehacktes
150 g Möhren • 300 g Wirsingstreifen (1 kleiner Kopf)
750 ml Brühe (aus 1 TL Instantpulver und 1 TL Salz) • 1 Lorbeerblatt
½ TL Kümmel • Salz • Pfeffer

Pilze in Scheiben schneiden und mit Zwiebelwürfeln in Öl langsam zur Farbe anbraten. Salzen und pfeffern, etwas Kümmel zugeben.
In einer zweiten Pfanne das zerzupfte Gehackte ohne Fett braten, anschließend mit den Pilzen vermischen.
Möhren und Wirsing in der Brühe weich kochen und mit dem Gehackten und den Pilzen mischen. Mit Salz und Pfeffer abschmecken.

Ein sehr schmackhafter Eintopf.

Kartoffelsalat extra fein

(für 2 Personen)

3 gekochte Kartoffeln (ca. 200 g)
2 gekochte Eier
½ Zwiebel
Salz • Pfeffer
1 EL Naturjoghurt
2 kleine Gewürzgurken
3-4 EL Gurkenbrühe
1 Dose Dorschleber
1 EL Öl
1 EL Schnittlauchröllchen

Gekochte, gepellte Kartoffeln und hart gekochte Eier in Würfel schneiden. Mit der klein gehackten Zwiebel vermischen. Nicht zu klein gewürfelte Dorschleber mit Gurkenwürfeln untermischen. Joghurt mit der Gurkenbrühe verquirlen und mit Salz und Pfeffer abschmecken. Öl darüber geben und alles mit zwei Gabeln untereinander heben. Mit Schnittlauchröllchen bestreuen.

Zu diesem feinen Kartoffelsalat ist keine Beilage nötig.

Rapunzelsalat

½ Pck. Rapunzelsalat
1 TL Zucker • 1 EL Zitronensaft
2 TL Walnuss- oder Traubenkernöl
1 kleingewürfelte Apfelsine
1 EL grob gehackte Walnusskerne

Die gewaschenen und verlesenen, gut abgetropften (evtl. Salatschleuder) Rapunzel in eine große Schüssel geben. Zucker, Zitronensaft und Öl nach Geschmack vermischen. Mit Walnuss- und Orangenstückchen bestreuen.

TIPP:

Die Rapunzel nach Möglichkeit nicht zu sehr schleudern. Vinaigrette erst kurz vor dem Servieren über die Rapunzel gießen, sonst werden sie matschig.

Chicoreesalat

2 Stauden Chicoree
1 kleine Dose Mandarinen
1 EL Zucker • Salz
1 EL Zitronensaft
1 EL Öl
2-3 EL Walnussstücke
evtl. etwas Mandarinensaft

Den bitteren Strunk aus dem Chicoree entfernen. Die Stauden dann in feine Streifen schneiden. Mandarinen zugeben. Mit Zitronensaft, Zucker und 1 Prise Salz lieblich abschmecken. Mit Öl vermischen. Evtl. noch etwas Mandarinensaft zugeben. Grob geschnittene Walnüsse darüber streuen.

Auch wer (noch) keinen Chicoree mag, wird bald von dem fruchtig leichten Salat begeistert sein.

Kindersalat

1 großer Apfel • 1 Birne • 1 Banane
1 EL Honig • 1-2 EL Zitronensaft
100-150 g Naturjoghurt
1 EL geschnittene Walnüsse
1 EL Schokoraspeln

Das Obst in kleine Stücke schneiden. Joghurt mit Honig und Zitronensaft verquirlen und mit den Fruchtwürfeln vermischen. Walnüsse unterheben und mit Schokoraspeln bestreuen.

Der Liebling auf allen Kindergeburtstagen.

Schneller Eiersalat

6 Eier • 2 EL Salatcreme
1 TL Senf • Salz
75-100 g Kochschinken
Schnittlauch • Radieschen

Eier hart kochen und abgekühlt in Scheiben schneiden. Salatcreme mit Senf und wenig Salz verrühren und vorsichtig unter die Eischeiben heben. Schinkelwürfel darüber streuen. Mit Schnittlauchröllchen und Radieschenscheiben garnieren.

Kleine Häppchen & Desserts

Partyhäppchen

4-5 Semmelköpfe (Brötchen)
200 g Kochschinken oder Schinkenwurst
200 g Salami
1 kleines Glas Champignons
1 rote Paprikaschote
100-125 ml Sahne oder Crème fraîche
125 g Reibekäse

Jeden Semmelkopf in 4 bis 5 dünne Scheiben schneiden. Schinken und Salami in ganz kleine Würfel schneiden. Gut abgetropfte Champignons und Paprika ebenfalls in feine Würfel schneiden. Sahne und zum Schluss den Reibekäse untermischen. Diese Masse nicht zu dick, aber auch nicht zu dünn auf die Semmelscheiben auftragen. In der heißen Röhre knusprig backen, bis der Käse zerlaufen ist und die Semmelränder etwas Farbe haben.

Backzeit: 10-15 Minuten
Backhitze: 180 °C

Wer diese Häppchen einmal probiert hat, wird sie immer wieder zubereiten. Sie können vorbereitet auf einem leicht gebutterten Blech oder auch auf Backpapier ein paar Stunden bis zum Backen warten.
Auch als schnelles, sehr leckeres Abendbrot für 2 bis 3 Personen mit entsprechend weniger Zutaten möglich.

Karlsbader Schnitten

Pro Person:
1 Scheibe Toastbrot
etwas Butter
1 Scheibe Kochschinken
1 Scheibe Käse
Paprikapulver
Tomatenscheiben

Toastbrotscheiben einseitig rösten, die ungeröstete Seite mit Butter bestreichen und mit einer Scheibe Kochschinken und einer Scheibe Schnittkäse belegen. Mit Paprikapulver bestreuen und überbacken, bis der Käse schmilzt. Mit Tomatenscheiben garnieren.

Ein altes Rezept für ein kleines Abendbrot, das heute noch gern gegessen wird.

Gefüllte Champignons

6-8 große Champignons
1 kleine Zwiebel
1 EL Öl
2 frische Thüringer Roster (ungebrüht)
1 TL Senf
50 ml Sahne
½ EL Tomatenmark
200 ml Brühe (aus 1 TL Instantpulver)
1 Stück rote Paprika
50-75 g Reibekäse

Die Stiele großzügig aus den Champignons schneiden und fein hacken. Klein gewürfelte Zwiebel im heißen Öl andünsten und die gehackten Pilzstiele mit anbraten. Die Wurstmasse aus den Därmen drücken und mit dem Senf unterrühren. Alles kurz mitbraten und mit Salz und Pfeffer abschmecken. Die Pilzköpfe sparsam mit Salz und Pfeffer würzen. Die Pilz-Wurst-Masse in die Köpfe füllen und mit der Öffnung nach oben in eine passende Auflaufform setzen. Tomatenmark und Sahne ins Bratfett rühren und die Brühe angießen. Alles über die Pilze verteilen und die klein gewürfelte Paprika auf den Pilzen verteilen. Alles mit Reibekäse bestreuen und überbacken.

Backzeit: 25-30 Minuten
Backhitze: 180-200 °C

Mixed Pickles

(eingelegtes Sauergemüse)

500 g Möhren
400 g kleine Bohnen
15 kleine grüne Gurken (Landgurken)
½ Kopf Blumenkohl
4 Zwiebeln
Lorbeerblätter • Wacholderbeeren
Pfefferkörner • Senfkörner
etwas Dill
evtl. 1 kleine Stange Meerrettich

auf 2 l Wasser rechnet man
350 ml Essig
150-175 g Zucker
2-3 geh. EL Salz

Möhrenstücke, kleine Gurken, halbierte Zwiebeln, Bohnen und Blumenkohlröschen in 1 Liter-Gläser füllen. Je ½ Zwiebel, 1 mittelgroßes Lorbeerblatt, 3-4 Wacholderbeeren, 1 TL Pfefferkörner, 2 TL Senfkörner und Dill mit in die Gläser schichten. Wasser mit Salz, Essig, Zucker kochen und über das Gemüse gießen, bis alles bedeckt ist. Die geschlossenen Gläser in etwas Abstand zueinander auf ein mit Wasser begossenes Backblech mit höherem Rand stellen und in der Röhre einkochen. Oder so wie wir es machen: Alles im Einwecktopf auf der Herdplatte einkochen.

Kochzeit: 50-60 Minuten
Hitze: 180 °C

TIPP:
Einweck- und Twist-Off-Gläser kann man in verschiedenen Größen kaufen oder wieder verwenden. Die Anzahl der Gläser Mixed Pickles richtet sich also nach den von Ihnen verwendeten Gefäßen.

So kochte meine Mutter schon früher unser Gartengemüse ein und sorgte für den Winter vor.

Apfel im Schlafrock

1 Blätterteigplatte (TK)
1 mittelgroßer Apfel
Milch
1 TL feste Konfitüre
2 TL Marzipan
2 TL Staubzucker
Zitronensaft

1 Teigplatte auftauen und auf bemehlter Arbeitsfläche ausrollen (ca. 12 x 12 cm oder 15 x 15 cm) je nach Größe des Apfels. Apfel schälen und mit einem Apfelausstecher das Kerngehäuse entfernen. Die Teigplatte mit Milch bestreichen und den Apfel in die Mitte setzen. Konfitüre mit Marzipan mischen, den Apfel damit füllen und die vier Teigecken um den Apfel drücken. Backen.
Aus Staubzucker und Zitronensaft einen dicklichen Guss rühren und mit einem Teelöffel über den Apfel geben.

Backzeit: 30-35 Minuten
Backhitze: 180 °C

TIPP:
Stellt man ein kleines breites Töpfchen mit heißem Wasser auf den Herdboden, geht der Blätterteig besonders gut auf.
Statt mit Zitronenguss kann der Apfel vor dem Backen auch mit verrührtem Ei bepinselt werden. Dazu reicht man eine Vanillesoße. So kann man beliebig mehrere – am besten säuerliche Äpfel, die nicht zu groß sind – backen.
Marmelade als alleinige Füllung läuft manchmal durch, wenn sie zu weich ist.

Mohrchen im Hemd

600 ml Milch
4 geh. EL Grieß
2 EL Kakao
2 geh. EL Zucker

Für das Hemd:
600 ml Milch
2 Pck. Vanillesoßenpulver
2 EL Zucker

300 ml warme Milch mit Grieß, Zucker und Kakao gut verquirlen und mit einem Rest kochender Milch einen straffen Pudding kochen. Vier nicht zu große Kaffeetassen mit wenig Öl auspinseln und den Grießpudding gleichmäßig einfüllen. Möglichst erst am nächsten Tag durch etwas Klopfen den Pudding aus den Formen stürzen. Jeweils In die Mitte einer Untertasse legen und nun „dem Mohr das Hemd anziehen".
Dafür aus Milch, Zucker und Soßenpulver eine Vanillesoße kochen. Mit einem Löffel vorsichtig die etwas dickliche Soße auf den Hinterkopf und um den Kopf herum schöpfen. Auf die Vorderseite ein Gesicht (Augen, Nase, Mund) malen. Dafür taucht man ein Holzstäbchen oder einen sehr dünnen Quirlstiel in die Soße.

 ***TIPP:***
Statt mit Vanillesoße kann der Grießpudding-Kopf auch mit geschlagener Sahne bespritzt werden.

Ganz alte Süßspeise, die mit Vanillesoße schon vor hundert Jahren den Kindern gut schmeckte.

Eiskristall

(für 4-6 Personen)

je 4-6 Kugeln Vanille- und Schokoeis
150-200 g Sauerkirschen
1-2 EL Zucker
1-2 Gläser Weinbrand oder Rum
2-3 Gläser Eierlikör
evtl. Weinbrandbohnen

Je eine Kugel Vanille- und Schokoeis getrennt auf einer Platte oder einem hübschen Teller anrichten. Schokoeis mit Eierlikör übergießen und evtl. mit Weinbrandbohnen garnieren. Sauerkirschen kurz erwärmen und Saft ziehen lassen. Dann mit Weinbrand oder Rum vermischen und über das Vanilleeis gießen.

 ***TIPP:***

Reichlich Waffeln nicht vergessen. Eine alkoholische Nachspeise – raffiniert einfach. Alles lässt sich gut vorbereiten.

Apfelauflauf

300 g Apfelspalten
(von 3 großen Äpfeln)
1 EL Zitronensaft
2 Eier
150 ml Milch oder Kaffeesahne
1-2 EL Zucker
½ TL Zimt
1 TL abgeriebene Zitronenschale
4-5 zerbröckelte Zwiebäcke
1 EL Butter

Apfelspalten mit Zitronensaft vermischen. Mit Eiern, Milch, Zucker, Zimt, Zitronenschale und Zwiebackstückchen vermischen. Alles 20 Minuten ziehen lassen. Dann in eine gefettete Auflaufform geben, glatt streichen und mit reichlich Butterflöckchen belegen. Zur Farbe überbacken.

Backzeit: 15-20 Minuten
Backhitze: 180-200 °C

Mit einer kalten Vanillesoße serviert eine fruchtig leichte Sommerspeise.

Mein Tiramisu-Hausrezept

1 Eigelb
1 geh. EL Zucker
5 EL Amarettolikör
150 g Frischkäse
1 EL Wasser
1 TL Gelatine
30 g Bitterschokolade
200 g Schlagsahne
1 Pck. Sahnesteif
1 Pck. Vanillezucker
1 geh. TL Kaffeepulver
10-12 Löffelbiskuits
Kakaopulver

Eigelb mit Zucker cremig schlagen, Likör unterschlagen. Mit dem Frischkäse vermischen. In Wasser aufgelöste Gelatine mit zwei Löffeln dieser Masse vermischen und nun alles unter den großen Rest Frischkäsemasse rühren. Grob geraspelte Schokolade unterziehen. Sahne mit Vanillezucker und Sahnesteif steif schlagen und unterheben.
1 geh. TL Kaffeepulver mit einer halben Tasse Wasser überbrühen, so entstehen ca. 4-5 EL starker Kaffee. Nach wenigen Minuten durchseien, auf einen Teller geben und alle Löffelbiskuits mit der Unterseite in den Kaffee tauchen. Die Hälfte Biskuits in eine viereckige Form legen und die reichliche Hälfte von der Sahnemasse darüber verteilen. Die übrigen Löffelbiskuits darauf legen und den Rest Sahnemasse darüber geben. In den Kühlschrank stellen und vor dem Auftragen dick mit Kakao bestäuben.

Die bekannte italienische Nachspeise ist auch in Thüringen längst eine beliebte kleine Köstlichkeit, weil sie aromatisch ist und auf der Zunge zergeht.

Schwippsgesellen

6 Zwiebäcke
1 Ei • 1-2 TL Zucker • ½ Glas Rum
1-2 EL Butter
1-2 Aprikosen
(frisch oder Konserve)
2 Gläschen Eierlikör

Ei mit Zucker und Rum verquirlen und die Zwiebäcke darin eintauchen. Dann beidseitig in Butter braten. Aprikosen entkernen, fein hacken und mit Eierlikör vermischen. Zwiebäcke auf Tellerchen mit dem Frucht-Likör-Gemisch anrichten.

Eine uralte Leckerei.

Samt & Seide

1 Dose Pfirsiche
200-300 ml Sahne
1 Pck. Sahnesteif
1 Pck. Vanillezucker
1 EL Aprikosenlikör oder Rum

Pfirsiche gut abtropfen lassen. Zwei Hälften wegnehmen und in kleine Würfelchen schneiden, den Rest pürieren und durch ein Sieb drücken. Sahne mit Sahnesteif und Vanillezucker steif schlagen und je nach Geschmack mit Likör oder Rum vermischen. (Man kann den Alkohol auch weglassen.) Sahne und Fruchtmix abwechselnd in vier Gläser oder kleine Glasschüsseln füllen. Die letzte Schicht Sahne mit den kleinen Pfirsichwürfeln bestreuen.

TIPP:
Es sieht sehr schön aus, wenn man das Dessert statt in vier kleinen Gefäßen in einer großen Schüssel serviert.

Silvesterpunsch

300-400 ml Wasser
2 TL schwarzer Tee
1 Flasche Rotwein
Saft von 1 Zitrone
abgeriebene Schale von ½ Zitrone
125-150 g Zucker
100-125 ml Rum

Aus Schwarztee und Wasser einen Tee bereiten. Mit Rotwein vermischen. Zitronensaft und -schale mit Zucker vermischen. Rum zugeben und alles erhitzen, nicht kochen.

Mit diesem Punsch feierten wir früher ins neue Jahr hinein. Mit reichlich heißem Wasser gestreckt, wurde er jedoch bekömmlicher.

Rezeptverzeichnis

DIE ERFOLGREICHE THÜRINGER KÜCHENBIBLIOTHEK

Alle Bände 16,5 x 20 cm, Farbfotos, gebunden.
Fragen Sie in Ihrer Buchhandlung danach.

BuchVerlag für die Frau • Gerichtsweg 28 • 04103 Leipzig
www.buchverlag-fuer-die-frau.de

Feines Gebäck in Thüringer Art

ISBN 978-3-932720-55-0

Leckere Plätzchen und Kleingebäck.

Genießen in Thüringen

ISBN 978-3-89798-300-7

Leichte Backverführungen und leckere herzhafte Gerichte in unverfälschter Thüringer Art.

Gute Thüringer Landrezepte

ISBN 978-3-89798-102-7

Suppen, leichte Kost, Kartoffel- und schnelle Partygerichte, gute Sonntagsbraten, Kürbis- und Holunderrezepte und viele neue Backpulver- und Hefekuchen.

Kochen und Backen in Thüringen

ISBN 978-3-932720-56-7

Noch mehr schnelle Alltags- und feine Sonntagsspeisen und Kuchen. Tipps & Tricks, wie's gelingt.

Leichte Torten & Lieblingsspeisen

ISBN 978-3-89798-167-6

Köstliche Torten für alle Tage, Jahreszeiten und Festlichkeiten. Auch Liebhaber deftiger Speisen kommen nicht zu kurz.

Mein Thüringer Rezeptschatz

ISBN 978-3-89798-480-6

Neue Leckereien für viele Anlässe und jeden Geschmack.

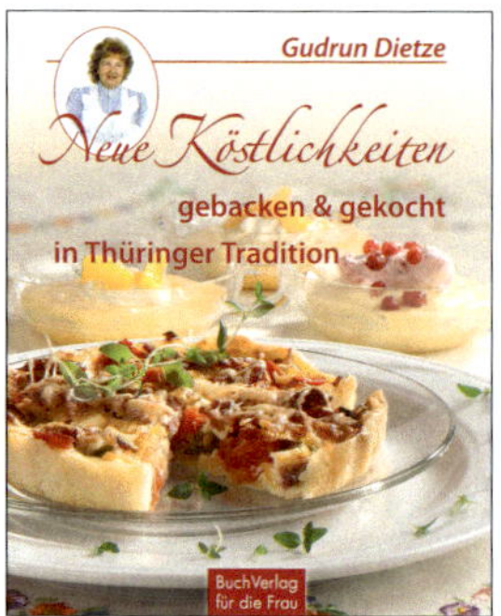

Meine Thüringer Küche

ISBN 978-3-89798-231-4

Süße und herzhafte Speisen einer leichten und attraktiven Regionalküche – mit Festtagsmenüs.

Neue Köstlichkeiten

ISBN 978-3-89798-394-6

Neue Köstlichkeiten, gebacken und gekocht in Thüringer Tradition.

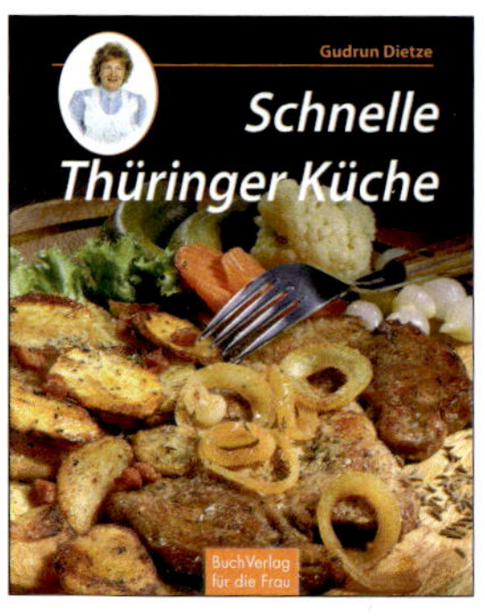

Plauderei an der Thüringer Kaffeetafel

ISBN 978-3-89798-344-1

Kalorienarme und leckere Back- und Kochideen, dazu Geschichten aus dem dörflichen Leben in Thüringen von 1900 bis 1950 mit historischen Fotos.

Schnelle Thüringer Küche

ISBN 978-3-932720-30-7

Absolut gelingsichere Rezepte für schnelle Pfannengerichte, leckere Salate und köstliche Kuchen.

Thüringer Allerlei

ISBN 978-3-89798-011-2

Backen und Kochen – schnell, bekömmlich und mit vielen guten Tipps fürs Gelingen.

Thüringer Festtagskuchen

ISBN 978-3-932720-31-4

Die Thüringer Backfrau Gudrun Dietze lüftet ihr Geheimnis der vielgerühmten ländlichen Backkunst – der Klassiker!

Thüringer Landküche

ISBN 978-3-89798-055-6

Wieder neue Rezepte aus der beliebten Thüringer Hausküche zum Ausprobieren für Jung und Alt, für Anfänger und Profis.